4 Colección de Recetas con INGREDIENTES

pil

Publications International, Ltd.

En la portada se ilustran *(en el sentido de las manecillas del reloj, desde arriba):* Palitos de Pan Crujientes *(página 276)*, Peras Escalfadas con Puré de Frambuesa *(página 326)*, Lomo de Cerdo con Salsa de Manzanza *(página 240)* y Asado de Cerdo con Duranzno *(página 60)*.

En la contraportada se ilustran *(de izquierda a derecha):* Cerdo Agridulce *(página 64)*, Alitas Búfalo Bandido *(página 8)* y Filete con Jalapeños *(página 54)*.

ISBN: 0-7853-8679-3

Número de Tarjeta del Catálogo de la Biblioteca del Congreso: 2003100971

Hecho en China.

8 7 6 5 4 3 2 1

Cocción en Horno de Microondas: La potencia de los hornos de microondas es variable. Utilice los tiempos de cocción como guía y revise qué tan cocido está el alimento antes de hornear por más tiempo.

Tiempos de Preparación y Cocción: Los tiempos de preparación se basan en la cantidad aproximada de tiempo que se necesita antes de cocer, hornear, enfriar o servir. Dichos tiempos incluyen los pasos de la preparación, como medir, picar y mezclar. Se tomó en cuenta el hecho de que algunas preparaciones y cocciones pueden realizarse simultáneamente. No se incluyen la preparación de ingredientes opcionales, ni las sugerencias para servir.

Contenido

Introducción

Bienvenidos a la nueva y sencilla forma de cocinar, sin tener que preocuparse. Con *Colección de Recetas con 4 Ingredientes*, usted podrá crear deliciosos platillos sin pasar demasiadas horas en la tienda haciendo las compras —o en la cocina, siguiendo instrucciones complejas. Fácilmente, usted puede hacer la mayoría de estos platillos en menos tiempo del que se requiere para ir a comprar comida preparada. Hacer la comida en casa, especialmente aquella en cuya preparación pueden participar los niños, ayuda a que la familia se reúna y evita la tendencia a comprarla en un almacén.

Colección de Recetas con 4 Ingredientes está lleno de recetas fáciles de seguir, la mayoría de ellas, con cuatro ingredientes o menos. Este número excluye los ingredientes comunes: agua, aceite en aerosol, sal y pimienta.

Cocinar con estas recetas puede ayudarle a ahorrar mucho tiempo. Saque el máximo provecho de este libro planificando sus comidas con anticipación. Antes de ir de compras, asegúrese de leer completamente las recetas que vaya a preparar, para tener la certeza de adquirir los ingredientes necesarios.

Muchas recetas se pueden preparar tan rápido, que también podrá preparar entremeses, guarniciones o postres, mientras se cocina el plato fuerte. Algunos platillos se pueden preparar rápidamente, pero requieren un poco más de tiempo en el horno o en la olla de cocción lenta; otros necesitan tiempo para marinarse. Invierta el tiempo extra haciendo ejercicio, haciendo mandados o relajándose con la familia. Para eso fue diseñada la *Colección de Recetas con 4 Ingredientes*: ¡para que usted pueda hacer otras cosas!

Aproveche los útiles consejos que aparecen en los márgenes o en las recetas, para hacer más eficientes sus preparaciones y procesos de cocción.

 Los "Consejos Rápidos" le indican cómo ahorrar tiempo en el supermercado y en la cocina.

 Los "Consejos Audaces" ofrecen sugerencias acerca de la cocina o de los ingredientes, que pueden ayudarle a preparar un mejor platillo.

 Los "Consejos para Servir" proporcionan ideas para simplificar y resaltar la presentación de sus platillos.

Entremeses y Bebidas

Comience una comida muy especial con un entremés rápido y sencillo, o agregue una bebida para animar el ambiente. Esto hará que mejoren las expectativas del platillo principal . . . y todos recordarán ese momento, no sólo la comida.

Derecha:
Cóctel Bloody Mary con Jugo de Verduras (receta en página 32) y Mordiscos de Chile con Queso (receta en página 20)

Palitos de Queso

$\frac{1}{2}$ **taza (1 barra) de mantequilla suavizada**
$\frac{1}{8}$ **de cucharadita de sal**
   Pizca de pimienta roja molida
450 g de queso cheddar fuerte, desmoronado y a temperatura ambiente
2 tazas de harina con polvo para hornear incluido

Caliente el horno a 180 °C. En un recipiente, bata la mantequilla, la sal y la pimienta hasta que esté cremosa. Agregue el queso y revuelva bien. Gradualmente, añada la harina, revolviendo hasta que comience a formarse una bola. Haga con las manos una bola.

Coloque dentro de la prensadora para galletas un pequeño plato de estrella; rellénelo con la pasta siguiendo las instrucciones del aparato. Presione la pasta sobre las charolas para hornear haciendo tiras de 7.5 cm de largo. Hornee durante 12 minutos o hasta que estén ligeramente dorados. Deje enfriar completamente sobre rejillas grandes. Guárdelos bien tapados.

Rinde unas 10 docenas

Derecha: *Palitos de Queso*

Arriba:
Alitas Búfalo Bandido

Alitas Búfalo Bandido

1 paquete (435 g) de mezcla de condimentos para taco
450 g de alas de pollo (unas 12)
   Salsa espesa y con trozos, picante, mediana o ligera

COLOQUE la mezcla de condimentos en una bolsa de plástico que se pueda sellar. Agregue las alas de pollo, unas cuantas a la vez; sacuda para cubrirlas bien. Repita la operación hasta que estén bien cubiertas. Colóquelas en un molde para hornear ligeramente engrasado.

HORNEE a 190 °C, de 35 a 40 minutos o hasta que ya no esté rosado cerca del hueso. Sirva con algún dip.

Rinde 6 porciones

Huevos Diabólicos

Tiempo de Preparación: 40 *minutos*　**Tiempo de Enfriamiento:** 30 *minutos*

12 **huevos duros, partidos por la mitad**
 6 **cucharadas de mayonesa baja en calorías**
 2 **cucharadas de mostaza (cualquier sabor)**
 ¼ **de cucharadita de sal**
 ⅛ **de cucharadita de pimienta roja molida**

1. Con una cuchara, retire la yema de las claras de huevo. Presione las yemas a través de un cedazo con la parte posterior de una cuchara o macháquelas con un tenedor en un recipiente mediano. Agregue la mayonesa, la mostaza, la sal y la pimienta roja; revuelva bien.

2. Sirva la mezcla de yema sobre las claras de huevo. Acomode sobre un platón. Adorne, si lo desea. Tape; deje enfriar en el refrigerador hasta que estén listos para servir.　　　　　　　　　　　　　　　*Rinde 12 porciones*

Sabrosas Variantes: Agregue una de las siguientes opciones: 2 cucharadas de cebolla morada picada más 1 cucharada de rábano rusticano; 2 cucharadas de pepinillos en salmuera más 1 cucharada de pepinillo fresco; 2 cucharadas de cebolla picada y de apio más 1 cucharada de pepinillo fresco, o ¼ de cucharada de queso cheddar rallado más ½ cucharadita de salsa inglesa.

Derecha:
Huevos Diabólicos

Mordiscos de Cóctel

1 ¼ **tazas de jalea de grosella roja o salsa de arándano rojo**
1 ¼ **tazas de salsa catsup**
900 **g de salchichas ahumadas tipo cóctel**

Caliente la jalea y la salsa catsup en un recipiente pequeño a fuego medio, u hornee en el microondas, sin tapar, a temperatura ALTA, de 1 a 2 minutos o hasta que la mezcla se integre suavemente. Agregue las salchichas ahumadas; cueza hasta que estén calientes. Sirva con palillos de madera lisos.

Rinde unas 10 porciones de entremés

Dip Caliente de Alcachofa

1 taza de aderezo de mayonesa o mayonesa real
1 taza (120 g) de queso parmesano rallado
400 g de corazones de alcachofa enlatados, escurridos y picados

• Caliente el horno a 180 °C.

• Revuelva bien todos los ingredientes; sirva en un molde para pay de 23 cm o en una cacerola de 2 tazas.

• Hornee durante 20 minutos o hasta que esté ligeramente dorado. Adorne, si lo desea. Sirva con totopos, galletas saladas o rebanadas de pan de centeno.

Rinde unas 2 tazas

Abajo:
Guacamole

Guacamole

2 aguacates grandes, pelados y deshuesados
¼ de taza de tomate rojo finamente picado
2 cucharadas de jugo de lima o de limón
2 cucharadas de cebolla picada con su jugo
½ cucharadita de sal
¼ de cucharadita de salsa picante
Pimienta negra

Coloque los aguacates en un recipiente mediano; macháquelo con un tenedor. Agregue el tomate rojo, el jugo de limón, la cebolla, la sal y la salsa picante; revuelva bien. Añada pimienta negra al gusto. Páselo a un recipiente. Sirva inmediatamente o tape y refrigere hasta por 2 horas. Adorne con más tomate rojo picado, si lo desea.

Rinde 2 tazas

Palitos de Mozzarella Horneados

Aceite vegetal en aerosol sabor mantequilla
360 g (2 barras) de queso mozzarella pasteurizado
½ taza de sustituto de huevo o 2 huevos grandes
1 taza de pan molido a la italiana
¼ de taza de perejil fresco picado

1. Caliente el horno a 200 °C. Rocíe 2 charolas grandes para hornear con aceite en aerosol.

2. Corte cada bloque de queso por la mitad a lo largo; luego, cada mitad a lo largo, en 3 tiras iguales (de unos 8 cm), para un total de 12 palitos.

3. En un recipiente mediano, bata el sustituto de huevo (o los huevos enteros) hasta que estén espumosos. En un plato, empanice los palitos con pan molido y perejil.

4. Sumerja cada palito de queso en el sustituto de huevo; luego ruédelos en el pan molido, presionando un poco. Acomode los palitos en una sola capa en las charolas.

5. Rocíe ligeramente los palitos con aceite en aerosol. Hornee durante 10 minutos o hasta que estén dorados y crujientes.   *Rinde 12 palitos de queso*

Panecillos con Queso Fontina

1 barra de pan italiano o francés
2 tomate rojos frescos, picados en cuadritos
Hojas de albahaca, en tiras julianas
Queso fontina rebanado

Corte el pan a lo largo en rebanadas. Cubra cada rebanada con tomate rojo y albahaca. Añada queso fontina. Hornee a 180 °C de 10 a 12 minutos o hasta que el queso esté dorado.   *Rinde de 6 a 8 porciones*

Pan Tostado con Tocino, Tomate y Queso

Tiempo de Preparación: 10 *minutos*   **Tiempo de Cocción:** 10 *minutos*

1 frasco (450 g) de salsa para espagueti de doble queso cheddar
1 tomate mediano picado
5 rebanadas de tocino, crujiente y desmoronado (⅓ de taza)
2 barras de pan italiano (de 40 cm cada una), cortadas en 16 rebanadas

1. Caliente el horno a 180 °C. En un recipiente mediano, mezcle la salsa de queso con el tomate rojo y el tocino.

2. En un molde para hornear, acomode las rebanadas de pan. Cúbralas homogéneamente con la mezcla de queso.

3. Hornee durante 10 minutos o hasta que la mezcla de salsa esté burbujeante. Sirva caliente.

Rinde 16 porciones

Derecha:
Pan Tostado con Tocino, Tomate y Queso

Queso Crema con Arándano y Naranja

Tiempo de Preparación: 5 *minutos*

1 paquete (225 g) de queso crema suavizado
½ taza de salsa de arándanos con naranja
3 cucharadas de nueces tostadas y picadas

COLOQUE el queso crema sobre un plato de mesa.

CUBRA con la salsa; espolvoree las nueces. Sirva con galletas saladas.

Rinde 10 porciones

Arriba:
Queso Crema con Arándano y Naranja

Papa al Horno con Espárragos y Jamón

4 papas (patatas) calientes horneadas, partidas por la mitad
1 taza de jamón cocido, en cuadritos
1 lata (300 g) de crema de espárragos condensada
Queso cheddar o suizo (opcional)

1. Coloque las papas calientes en un recipiente para microondas. Con cuidado, haga un hueco en las papas usando un tenedor.

2. Cubra cada papa con el jamón. Revuelva la crema hasta que esté suave. Vierta la crema sobre las papas. Cubra con el queso, si lo desea. Hornee en el horno de microondas a temperatura ALTA durante 4 minutos o hasta que estén calientes.

Rinde 4 porciones

Consejo Rápido

Para que las papas queden cocidas en forma homogénea, asegúrese de elegir papas de tamaño similar.

Trufas de Queso Danés Azul

1 taza de nueces en piezas
225 g de queso danés azul cremoso, frío*

*Si no consigue queso danés azul cremoso, sustitúyalo por queso azul y mézclelo con leche o crema, 1 cucharada a la vez, hasta obtener una consistencia de queso crema.

Esparza las nueces sobre un molde para hornear. Hornee a 180 °C, revolviendo ocasionalmente, de 12 a 15 minutos o hasta que estén tostadas y doradas. Enfríe las nueces, y luego macháquelas.

Con una cuchara de madera, bata el queso hasta que esté suave. Forme 18 bolitas. Ruede cada bolita sobre las nueces para cubrirlas. Sírvalas frías.

Rinde 1 ½ docenas de entremés

Nueces con Azúcar y Especias

4 tazas de nueces mixtas saladas
2 cucharadas de margarina derretida
3 cucharadas de azúcar
1 o 2 cucharaditas de pimienta roja molida
2 cucharaditas de cilantro seco (opcional)

Caliente el horno a 150 °C.

En un recipiente grande, mezcle las nueces y la margarina.

En un recipiente pequeño, integre los ingredientes restantes; agregue a la mezcla de nueces. Sobre un molde para hornear, esparza uniformemente la mezcla de nueces.

Hornee, revolviendo ocasionalmente, durante 40 minutos o hasta que las nueces estén doradas. *Rinde 4 tazas de nueces*

Salchichas Bourbon

2 tazas de salsa catsup
¾ de taza de bourbon
½ taza de azúcar morena
1 cucharada de cebolla picada
450 g de salchichas ahumadas tipo cóctel

Mezcle la salsa catsup, el bourbon, el azúcar morena y la cebolla en un recipiente mediano. Agregue las salchichas; cocine a fuego bajo u hornee a 150 °C durante 1 hora. *Sírvalas calientes. *Rinde unas 50 porciones de entremés*

Si la mezcla resulta muy espesa, agregue un poco más de bourbon o agua.

Entremés de Camarón y Tirabeques con Salsa de Mostaza

180 g de tirabeques (vainas) frescos (unos 36)
675 g de camarones medianos, pelados y cocidos
¾ de taza de mermelada de grosella
¼ de taza de mostaza Dijon

Blanquee los tirabeques en agua hirviente con sal durante 45 segundos. Inmediatamente, escúrralos y póngalos bajo el chorro de agua fría.

Envuelva cada camarón con 1 tirabeque y asegúrelo con un palillo.

Mezcle la mermelada con la mostaza; bata con un tenedor o con la batidora. (La mermelada se debe disolver en unos 5 minutos.) Sirva la salsa con los entremeses.

Rinde 36 entremeses

Aderezo de Cangrejo
Tiempo de Preparación: *5 minutos*

1 paquete (225 g) de queso crema light, suavizado
¼ de taza de salsa cóctel
1 paquete (225 g) de imitación de carne de cangrejo

Esparza el queso crema uniformemente sobre un plato de mesa Vierta la salsa cóctel sobre el queso crema; cubra con la imitación de carne de cangrejo.

Sirva con pan de centeno o galletas saladas.

Rinde 12 porciones

Derecha:
Entremés de Camarón y Tirabeques con Salsa de Mostaza

Brochetas de Tortellini con Pesto Ranch

Tiempo de Preparación y Cocción: 30 *minutos*

  ½ **bolsa (450 g) de tortellini congelado**
1 ¼ **tazas de aderezo para ensalada tipo Ranch**
  ½ **taza de queso parmesano rallado**
  3 **dientes de ajo picados**
  2 **cucharadas de albahaca seca**

1. Cueza el tortellini siguiendo las instrucciones del paquete. Enjuague y escurra bajo el chorro del agua. Inserte dos tortellini en cada brocheta.

2. Mezcle el aderezo tipo Ranch, el queso, el ajo y las hojas de albahaca en un recipiente pequeño. Sirva las brochetas de tortellini con el aderezo.

Rinde de 6 a 8 porciones

Derecha:
*Brochetas de
Tortellini con Pesto
Ranch*

Mordiscos de Chile con Queso

Tiempo de Preparación: 10 *minutos*   **Tiempo de Cocción:** 10 *minutos*

  4 **huevos**
  ½ **taza de salsa picante o salsa de tomate espesa con trozos**
  ¼ **de taza de harina de trigo**
  2 **cucharaditas de chile en polvo**
1 ½ **tazas de queso cheddar rallado (180 g)**
  1 **cebollín picado (unas 2 cucharadas)**

1. Caliente el horno a 200 °C. Engrase 24 moldes para muffin (de 7.5 cm).

2. En un recipiente mediano, revuelva los huevos, la salsa picante, la harina y el chile en polvo. Agregue el queso y la cebolla.

3. Sirva más o menos 1 cucharada de la mezcla de queso en cada taza. Hornee durante 10 minutos o hasta que esté dorada. Sirva caliente o a temperatura ambiente con crema agria y más salsa picante, si lo desea.   *Rinde 24 entremeses*

Abajo:
*Mordiscos de Chile
con Queso*

Entremés de Salmón Ahumado

¼ de taza de queso crema bajo en grasa, suavizado
1 cucharada de pepinillo fresco picado *o* 1 cucharadita de pepinillos en salmuera
⅛ de cucharadita de pimienta roja molida
120 g de salmón ahumado finamente rebanado
24 panecillos tostados o galletas saladas bajas en grasa

1. Mezcle el queso crema, los pepinillos y la pimienta en un recipiente pequeño; revuelva para que se integren. Esparza uniformemente el queso crema sobre cada rebanada de salmón. Enrolle las rebanadas de salmón. Coloque los rollos en un plato; cubra con plástico. Enfríe durante 1 hora por lo menos o hasta por 4 horas antes de servir.

2. Con un cuchillo filoso, corte transversalmente los rollos de salmón en piezas de 2 cm. Coloque las piezas, con los cortes hacia abajo, en un plato de mesa. Adorne cada rollo con una ramita de eneldo, si lo desea. Sírvalos fríos o a temperatura ambiente con panes tostados.   *Rinde unas 2 docenas de entremeses*

Pretzels con Pollo
Tiempo de Preparación: 15 *minutos*

2 paquetes de tiras de pechuga de pollo, partidas por la mitad a lo largo
½ taza de mostaza con miel
2 tazas de pretzels machacados

Caliente el horno a 200 °C. Agregue la mostaza con miel en un recipiente hondo. Añada las piezas de pollo y voltéelas para cubrirlas completamente. Deseche cualquier residuo de mostaza. Ruede las piezas de pollo sobre los pretzels machacados. Coloque sobre un molde para hornear con aceite en aerosol. Hornee de 5 a 8 minutos o hasta que el pollo ya no esté rosado en el centro. Sirva con más mostaza con miel, para remojar.   *Rinde 32 entremeses*

Derecha:
Entremés de Salmón Ahumado

No Me Canso de Comer Alitas

18 alitas de pollo (alrededor de 1.350 kg)
1 sobre de mezcla para sopa de ajo con hierbas
½ taza de agua
2 o 3 cucharadas de salsa picante (opcional)
2 cucharadas de margarina o mantequilla

1. Corte las puntas de las alitas de pollo (guarde las puntas para hacer sopa). Corte las alitas por la mitad en la articulación. Fría, hornee o ase hasta que estén bien doradas y crujientes.

2. Mientras tanto, en una cacerola pequeña, revuelva la mezcla para sopa, el agua y la salsa picante. Cocine a fuego bajo, revolviendo ocasionalmente, durante 2 minutos o hasta que espese. Retire del fuego y agregue la margarina.

3. En un recipiente grande, bañe las alitas de pollo con la mezcla de sopa hasta que estén uniformemente cubiertas. Sirva, si lo desea, sobre hojas de apio cortadas.

Rinde 36 entremeses

Consejo Audaz

Para tener una reserva de pollo, sumerja las alitas de pollo en agua con cebolla, apio y hojas de laurel de 1 a 2 horas. Presiónelas para quitar la grasa y congélelas en recipientes para utilizarlas en otra ocasión.

Derecha:
No Me Canso de Comer Alitas

Nuggets de Pollo a la Parmigiana

Tiempo de Preparación: *5 minutos*   **Tiempo de Cocción:** *30 minutos*

1 frasco (730 a 785 g) de salsa de tomate para espagueti
1 paquete (360 g) de nuggets de pollo refrigerados o congelados, completamente cocidos (unos 18 trocitos)
2 tazas de queso mozzarella desmoronado (unos 225 g)
1 cucharada de queso parmesano rallado

1. Caliente el horno a 190 °C. En un molde para hornear de 33×23 cm, esparza homogéneamente 1½ tazas de salsa. Acomode los trocitos de pollo en un recipiente; cubra con la salsa restante y espolvoree encima los quesos.

2. Cubra con papel de aluminio y hornee durante 25 minutos. Retire el papel de aluminio y hornee por otros 5 minutos.

Rinde de 4 a 6 porciones

Queso Horneado con Chabacano

1 **queso brie redondo (225 g)**
⅓ **de taza de chabacanos (albaricoques) en almíbar**
2 **cucharadas de almendras rebanadas**
   Galletas saladas surtidas

1. Caliente el horno a 200 °C. Coloque el queso en un recipiente pequeño para hornear; cubra la superficie del queso con la conserva y espolvoree las almendras.

2. Hornee de 10 a 12 minutos o hasta que el queso empiece a derretirse y a perder su forma. Sirva caliente con las galletas. Refrigere el sobrante; recaliente antes de servir.

Rinde 6 porciones

Entremeses de Tomate Cherry

470 **g de tomates cherry**
   Agua helada
½ **taza de cebollín rebanado**
¼ **de taza de marinada de lemon pepper (especia) con jugo de limón**

En un recipiente grande con agua hirviente, sumerja con cuidado los tomates durante 15 segundos. Retire con una cuchara con orificios y sumérjalos inmediatamente en el agua helada. Pélelos; deseche la piel y los tallos. En una bolsa grande de plástico que se pueda sellar, coloque los tomates. Agregue los cebollines y la marinada; selle la bolsa. Deje marinar en el refrigerador durante 30 minutos por lo menos. Sírvalos fríos.

Rinde 4 porciones

Sugerencia para Servir: Sirva como entremés con palillos o como guarnición.

Consejo Audaz

Al queso brie se le conoce como "suave y maduro" debido a su textura. Seleccione quesos suaves al tacto, con un color homogéneo y cuya orilla no esté muy húmeda.

Derecha:
Queso Horneado con Chabacano

Aderezo Hawaiano

1 paquete (90 g) de queso crema light, suavizado
½ taza de crema agria baja en grasa o light
1 lata (225 g) de trozos de piña en almíbar, bien escurridos
¼ de taza de chutney de mango*
Galletas bajas en grasa

Si en el chutney hay piezas grandes de fruta, córtelas en trozos más pequeños.

• Bata el queso crema, la crema agria, la piña y el chutney en un recipiente hasta que se integren. Tape y deje enfriar durante 1 hora o por toda la noche. Sirva con galletas saladas. Refrigere el sobrante en un recipiente bien tapado hasta por una semana.

Rinde 2½ tazas

Alitas Búfalo al Curry

15 alitas de pollo (más o menos 1.350 kg)
¼ de taza de margarina
1 cucharada de curry en polvo, fuerte o suave
2 cucharaditas de ajo picado
1 cucharadita de sal

Caliente el horno a 230 °C.

Corte las puntas de las alitas (guárdelas para hacer sopa). Corte las alitas de pollo por la mitad en la articulación.

En una sartén de 30 cm, derrita la margarina a fuego medio y cueza el curry, el ajo y la sal, revolviendo frecuentemente, durante 30 segundos o hasta que el curry se oscurezca.

En el fondo de un recipiente para asar, sin la rejilla, vierta la salsa de curry sobre las alitas y mueva para cubrirlas. Hornee por 35 minutos o hasta que las alitas estén doradas y bien cocidas.

Rinde 30 entremeses

Derecha:
Aderezo Hawaiano

Sidra con Mantequilla Derretida

$^1/_3$ **de taza de azúcar morena**
$^1/_4$ **de taza de mantequilla o margarina suavizada**
$^1/_4$ **de taza de miel**
$^1/_4$ **de cucharadita de canela molida**
$^1/_4$ **de cucharadita de nuez moscada**
   Sidra o jugo de manzana

1. Bata el azúcar, la mantequilla, la miel, la canela y la nuez moscada hasta que estén bien integradas y espumosas. Coloque la mezcla en un recipiente hermético. Refrigere hasta por 2 semanas. Deje que la mantequilla tome la temperatura ambiente antes de usarla.

2. Para servir, caliente la sidra de manzana en una cacerola grande a fuego medio. Sirva en tazas individuales; agregue 1 cucharada de la mezcla de mantequilla a cada taza.   *Rinde 12 porciones*

Derecha:
*Sidra con
Mantequilla
Derretida*

Arriba:
*Té de Manzana con
Especias*

Té de Manzana con Especias

2 tazas de jugo de manzana sin azúcar
6 clavos enteros
1 raja de canela
3 tazas de agua
3 bolsas de té herbal de canela

Mezcle el jugo, los clavos y la canela. Deje hervir a fuego alto. Reduzca el fuego a bajo; deje hervir durante 10 minutos. Mientras tanto, coloque el agua en otro recipiente. Hierva a fuego alto. Retire del fuego; ponga las bolsitas de té herbal y deje reposar por 6 minutos. Retire las bolsitas de té. Escurra la mezcla de jugos; retire las especias. Vierta la mezcla de jugo en el té. Sirva caliente con otra raja de canela, si lo desea, o refrigere y sirva frío con hielo. (El té se puede hacer por adelantado; se puede refrigerar y después recalentar.)   *Rinde 4 porciones*

Ponche de Champaña con Fresa

2 paquetes (de 285 g cada uno) de rebanadas de fresa en almíbar, descongeladas
2 latas (de 165 g cada una) de néctar de chabacano (albaricoque) o durazno (melocotón)
¼ de taza de jugo de limón
2 cucharadas de miel
2 botellas (de 750 ml cada una) de champaña o vino blanco espumoso, frío

1. Coloque las fresas con el almíbar en un procesador de alimentos; procese hasta que estén suaves.

2. Vierta el puré de fresa en una ponchera grande. Agregue el néctar de chabacano, el jugo de limón y la miel; mezcle bien. Refrigere hasta el momento de servir.

3. Para servir, vierta la champaña en el jugo de fresa.   *Rinde 12 porciones*

Cóctel Bloody Mary con Jugo de Verduras

3 tazas de jugo de verduras enlatado
1 cucharadita de rábano rusticano preparado
1 cucharadita de salsa inglesa
½ cucharadita de salsa picante
Rebanadas de limón para adornar

Mezcle el jugo de verduras, el rábano, la salsa inglesa y la salsa picante. Sirva en vasos con hielo. Adorne con rebanadas de limón.   *Rinde 3 tazas*

Cóctel Picante y Condimentado: Aumente a 1 cucharada la cantidad de rábano rusticano.

Cóctel Pinzón de las Nieves

3 tazas de jugo de piña
1 lata (400 g) de leche condensada
1 lata (180 g) de jugo de naranja concentrado, descongelado
½ cucharadita de extracto de coco
1 litro de ginger ale frío

1. Mezcle el jugo de piña, la leche condensada, el jugo de naranja concentrado y el extracto de coco en una jarra grande; revuelva bien. Refrigere, tapado, hasta por 1 semana.

2. Para servir, vierta ½ taza de la mezcla de jugo en vasos individuales (con hielo escarchado, si lo desea). Llene cada vaso con ⅓ de taza de ginger ale.

Rinde 10 porciones

Smoothie de Yogur Frío
Tiempo de Preparación: *5 minutos*

225 g de yogur de cualquier sabor, bajo en grasa
2½ tazas de crema batida congelada
2 tazas de fresas congeladas o frescas o cualquier otra fruta de la estación, picadas
2 tazas de cubos de hielos

COLOQUE el yogur, 1½ tazas de crema batida, la fruta y el hielo en una licuadora; tape. Bata hasta que suavice. Cubra cada porción con ¼ de taza de la crema batida restante. Sirva inmediatamente.

Rinde 4 porciones (de 1 taza)

Consejo Audaz

Almacene las latas sin destapar de leche condensada a temperatura ambiente hasta por 6 meses. Una vez abiertas, almacénelas en un recipiente hermético hasta por 5 días en el refrigerador.

Derecha:
Cóctel Pinzón de las Nieves

Carnes

Ya sea de res, de cerdo o de cordero, la carne es ideal para servirla como una sustanciosa y suculenta entrada. En estas recetas se emplean diversos métodos de cocción y deliciosas mezclas de ingredientes. Intente una receta nueva cada noche. ¡Nadie tiene por qué saber que estos platillos son de fácil preparación!

Derecha:
Costilla de Res a la Pimienta (receta en página 42)

Brochetas Orientales de Res

1 cucharada de aceite de oliva
1 cucharada de salsa de soya
1 cucharada de vinagre de arroz sazonado
4 brochetas preparadas de carne de res

1. Caliente el asador. Coloque la rejilla a unos 10 cm de la fuente de calor.

2. Bata el aceite, la salsa de soya y el vinagre; barnice las brochetas con la mezcla.

3. Acomode las brochetas sobre la rejilla del asador. Ase durante 10 minutos o hasta que obtenga el término deseado, volteándolas cada 5 minutos.

Rinde 4 porciones

Consejo Rápido

Ahorre tiempo en la limpieza de la parrilla rociándola con aceite vegetal en aerosol antes de empezar a cocinar.

Steaks con Pimienta y Naranja

2 cucharaditas de pimienta negra machacada
4 filetes de solomillo de res, de 2.5 cm de grosor
½ taza de mermelada de naranja
4 cucharaditas de vinagre de sidra
½ cucharadita de jengibre molido
4 tazas de arroz cocido caliente

Unte la pimienta uniformemente en ambos lados de los filetes. Coloque los filetes sobre la rejilla del asador. Mezcle la mermelada, el vinagre y el jengibre en un recipiente pequeño. Unte las superficies de los filetes con la mitad de la mezcla de mermelada. Ase los filetes de 5 a 7 cm de la fuente de calor de 10 a 15 minutos, volteándolos una vez y untándolos con la mezcla de mermelada restante. Sirva sobre el arroz.

Rinde 4 porciones

Derecha:
Brochetas Orientales de Res

Filete Glaseado con Limón

¹/₂ taza de salsa para carne
2 cucharaditas de ralladura de cáscara de limón
1 diente de ajo picado
¹/₄ de cucharadita de pimienta negra molida grueso
¹/₄ de cucharadita de orégano seco
4 filetes de res (de 120 a 180 g), de 1.5 cm de grosor

Mezcle la salsa para carne, la cáscara de limón, el ajo, la pimienta y el orégano; unte en ambos lados de los filetes. Ase los filetes a fuego medio, a 15 cm de la fuente de calor, durante 5 minutos de cada lado o hasta que tengan el término deseado, bañándolos con la salsa ocasionalmente. Sirva de inmediato.

Rinde 4 porciones

Costillitas Barbecue

²/₃ de taza de salsa teriyaki para marinar
¹/₄ de taza de mermelada de naranja
1 cucharadita de sal de ajo
¹/₂ cucharadita de lemon pepper (especia) sazonado
2.250 kg de costillitas magras de res, de 7 a 10 cm de largo

Mezcle la salsa teriyaki, la mermelada de naranja, la sal de ajo y el lemon pepper; vierta sobre las costillitas en un recipiente grande. Tape y refrigere de 8 a 10 horas o por toda la noche, volteando las costillitas de vez en cuando. Retire las costillitas y guarde la marinada; colóquelas sobre la parrilla de 17 a 20 cm de la fuente de calor. Cueza durante 1¹/₂ o 2 horas, o hasta que la carne empiece a desprenderse del hueso, volteándolas frecuentemente y untándoles la marinada que reservó durante los últimos 20 minutos del tiempo de cocción.

Rinde de 4 a 6 porciones

Derecha:
*Filete Glaseado con
Limón*

Costilla de Res a la Pimienta

1 ½ **cucharadas de granos de pimienta entera**
1 **costillar de res, sin hueso, para asar (1.125 o 1.350 kg), bien limpio**
¼ **de taza de mostaza Dijon**
2 **dientes de ajo picados**
Salsa de Crema Agria (opcional, receta en página 187)

Prepare la parrilla para cocción directa.

Coloque los granos de pimienta en una bolsa de plástico que se pueda sellar. Saque el exceso de aire; cierre la bolsa firmemente. Con un aplanador de carne o con un rodillo, golpee los granos de pimienta hasta que se rompan.

Seque las costillas con toallas de papel. Mezcle la mostaza y el ajo en un recipiente pequeño; unte la parte superior y los lados de las costillas. Espolvoree la pimienta sobre la mezcla de mostaza.

Ponga las costillas, con la pimienta hacia arriba, sobre la rejilla, directamente arriba del recipiente para escurrimientos. Ase, tapado, a fuego medio, durante 1 hora 10 minutos para término ¾ o hasta que la temperatura interna alcance los 62 °C en el termómetro insertado en la parte más gruesa de la carne; ponga de 4 a 9 trozos de carbón a ambos lados del fuego después de 45 minutos para mantener el fuego a temperatura media.

Si lo desea, prepare la Salsa de Crema Agria. Tape; refrigere hasta el momento de servir.

Coloque el costillar en una tabla para picar; cubra con papel de aluminio. Deje reposar de 10 a 15 minutos antes de cortar. La temperatura interna aumentará de 3 a 6 °C durante el tiempo de reposo. Sirva con la Salsa de Crema Agria.

Rinde de 6 a 8 porciones

Consejo Audaz

Para asado indirecto, la comida se coloca en la parrilla sobre una charola de metal o de aluminio desechable con carbones ubicados en un lado o en ambos lados del recipiente. Este método se utiliza para alimentos de cocción lenta, como los asados grandes y los pollos enteros.

Filete Oriental

¹/₂ taza de aderezo italiano para ensalada
2 cucharadas de salsa de soya
2 cucharadas de azúcar morena
¹/₂ cucharadita de jengibre molido (opcional)
450 a 675 g de espaldilla, lomo o solomillo de res

En un recipiente que no sea de aluminio, mezcle todos los ingredientes, excepto la carne. Agregue la carne; voltee para cubrir. Tape y marine en el refrigerador de 3 a 24 horas.

Retire la carne y guarde la marinada. Ase a la parrilla hasta que la carne esté lista. Hierva la marinada durante 1 minuto; vierta sobre la carne.

Rinde 6 porciones

Arriba:
Filete Oriental

Res con Brócoli

2 cucharadas de aceite vegetal
1 cucharadita de chalote picado
285 g de carne de res, rebanada
6 cucharadas de salsa para freír
1 taza de floretes de brócoli cocidos

Caliente una sartén a fuego medio. Agregue el aceite. Sofría los chalotes. Incorpore la carne y 2 cucharadas de la salsa para freír. Sofría. Cuando la carne esté casi lista, añada el brócoli y las 4 cucharadas restantes de salsa para freír. Sofría hasta que el brócoli esté suave y crujiente.

Rinde 4 porciones

Albondigón Relleno de Queso

Tiempo de Preparación: *20 minutos*   **Tiempo de Cocción:** *1 hora*

650 g de carne molida de res
1 frasco (780 a 840 g) de salsa para pasta con trozos de tomate
1 huevo grande ligeramente batido
¼ de taza de pan molido
2 tazas de queso mozzarella desmoronado (unos 225 g)
1 cucharada de perejil fresco finamente picado

1. Caliente el horno a 180 °C. En un recipiente grande, mezcle la carne molida, ⅓ de taza de salsa, el huevo y el pan molido. Sazone, si lo desea, con sal y pimienta negra molida. En un recipiente para hornear o para asar de 33×23 cm, forme con la carne un rectángulo de 30×20 cm.

2. Espolvoree 1½ tazas de queso y el perejil en el centro de la carne, dejando libres 2 cm de la orilla. Enrolle por el lado más largo. Presione los extremos para sellar.

3. Hornee, sin tapar, durante 45 minutos. Vierta la salsa restante sobre el albondigón y espolvoree con el queso restante. Hornee por 15 minutos más o hasta que la salsa esté bien caliente y el queso esté derretido. Deje reposar durante 5 minutos antes de servir.   *Rinde 6 porciones*

Consejo: Si coloca la mezcla de carne en papel encerado, será más fácil enrollarla. Sólo levante el papel encerado para enrollar la carne sobre el relleno de queso; luego, con cuidado, retire la carne del papel. Continúe enrollando de esta manera hasta que el relleno esté dentro del rollo y la carne quede fuera del papel.

Derecha:
*Albondigón Relleno
de Queso*

Hamburguesas con Queso

1 paquete (30 g) de aderezo Ranch para ensalada
450 g de carne molida de res
1 taza (120 g) de queso cheddar rallado
4 bollos grandes para hamburguesa, tostados

Revuelva el aderezo con la carne y el queso. Forme con la carne 4 tortitas; cueza completamente la carne hasta que pierda su color rosado en el centro. Sirva sobre los panes tostados.

Rinde 4 porciones

Ternera Estilo Teriyaki

1 filete de ternera (de 1.125 kg), de 3 cm de grosor
Ablandador de carne instantáneo
²/₃ de taza de salsa teriyaki para marinar
1 lata (180 g) de puré de tomate rojo
¼ de taza de aceite vegetal

Prepare la carne con el ablandador de carne siguiendo las instrucciones del paquete. Mezcle la salsa teriyaki, el puré de tomate y el aceite vegetal. Coloque la carne sobre la parrilla, de 7 a 10 cm del carbón; unte con la mezcla de salsa teriyaki. Cueza durante 15 minutos; voltéela. Barnice con la mezcla de salsa teriyaki. Cueza por 10 minutos más (para término casi crudo) o hasta el término que desee. (O coloque la carne sobre la rejilla de una parrilla; unte con la mezcla de salsa teriyaki. Ase durante 10 minutos; voltéela. Unte con la mezcla de salsa teriyaki. Ase por 10 minutos más (para término casi crudo) o hasta el término que desee. Caliente la mezcla de salsa teriyaki restante; sírvala con la carne.

Rinde 4 porciones

Consejo Audaz

Para asado directo a la parrilla, acomode el carbón en una capa que rebase de 2.5 a 5 cm el área del alimento que está sobre la parrilla. Este método se emplea con alimentos de cocción rápida, como hamburguesas, filetes, pechugas de pollo y pescado.

Derecha:
Hamburguesas con Queso

Tacos con Queso

Tiempo de Preparación: 5 *minutos* **Tiempo de Cocción:** 15 *minutos*

450 g de carne molida de res
¼ de taza de agua
1 paquete (40 g) de mezcla de condimentos para taco
340 g de queso para untar con jalapeños, cortado
12 tortillas de harina (de 20 cm)

1. Dore la carne en una sartén grande; escúrrala. Agregue el agua y la mezcla de condimentos para taco.

2. Agregue el queso; cueza a fuego bajo hasta que se derrita.

3. Rellene las tortillas calientes con la mezcla de carne. Puede coronarlos con lechuga rebanada, tomate rojo picado y salsa. *Rinde de 4 a 6 porciones*

Sugerencia para Servir: Los Tacos con Queso son una comida divertida para la familia. Haga que sus hijos coloquen los condimentos y aderezos de su preferencia, como la lechuga rebanada y el tomate picado, en un recipiente para mesa.

Abajo:
Tacos con Queso

Filete Asado Cítrico

1 lata (180 g) de jugo de naranja concentrado, descongelado
½ taza de salsa para carne
¼ de taza de jerez seco
1 diente de ajo picado
2 tiras de filete (de 225 g), de 2.5 cm de grosor

Mezcle el jugo de naranja, la salsa para carne y el ajo. Coloque las tiras de filete en un refractario de vidrio; cubra con la mezcla de jugo de naranja. Tape; refrigere durante 1 hora, volteando ocasionalmente.

Caliente la mezcla restante de jugo de naranja en una cacerola pequeña a fuego medio; manténgala caliente.

Saque las tiras y deseche la marinada. Ase a fuego medio durante 4 minutos o hasta que estén listas, volteándolas una vez. Sirva las tiras de carne con la salsa de naranja caliente. *Rinde 4 porciones*

Hamburguesas Teriyaki

Tiempo de Preparación: *5 minutos*　**Tiempo de Cocción:** *15 minutos*

450 g de carne molida de res
3 cucharadas de salsa teriyaki para glasear

1. Mezcle la carne con la salsa glaseada para asar. Forme 4 tortitas de carne.

2. Ase a la parrilla o al carbón las hamburguesas durante 10 minutos o hasta que ya no estén rosadas en el centro; unte más salsa. *Rinde 4 porciones*

Arriba:
Filete Asado Cítrico

El Mejor Albondigón

Tiempo de Preparación: 10 *minutos*   **Tiempo de Cocción:** 1 *hora* 20 *minutos*

  1 lata (300 g) de crema de tomate condensada
900 g de carne molida de res
1 ½ cucharaditas de cebolla en polvo
  ½ taza de pan molido
  1 huevo batido
  ¼ de taza de agua

1. Revuelva muy bien ½ taza de crema de tomate, la carne, la cebolla, el pan molido y el huevo. En un molde para hornear, forme una barra firme de carne, de 10×20 cm.

2. Hornee a 180 °C durante 1¼ horas o hasta que la carne ya no esté rosada en el centro (70 °C).

3. En una cacerola pequeña, revuelva la crema de tomate restante y el agua. Caliente completamente. Sirva con el albondigón.   *Rinde 8 porciones*

Filete Asado au Poivre

  ½ taza de salsa para carne
  1 filete de solomillo de res (675 g), de 2 cm de grosor
  2 cucharaditas de pimienta negra machacada
  ½ taza de crema agria
  2 cucharadas de salsa catsup

Unte 2 cucharadas de la salsa para carne en ambos lados de la carne; espolvoree 1 cucharadita de pimienta de cada lado, presionándola sobre la carne. Vierta la salsa para carne restante, la crema agria y la salsa catsup en una cacerola mediana. Cocine y revuelva a fuego bajo hasta que esté bien caliente (no deje hervir); manténgala caliente. Ase a la parrilla a temperatura media por 5 minutos de cada lado o hasta que esté lista. Sirva con la salsa caliente.   *Rinde 6 porciones*

Brochetas de Res con Glaseado de Miel

Tiempo de Preparación y Cocción: 30 *minutos*

450 g de solomillo de res
⅓ de taza de salsa de soya
2 cucharadas de vinagre blanco
1 cucharadita de jengibre molido
⅛ de cucharadita de pimienta roja molida
⅓ de taza de miel

1. Corte la carne en tiras de .5 cm de ancho. Ensarte las tiras en 12 brochetas de madera y colóquelas en un refractario grande. (Remoje en agua fría las brochetas durante 20 minutos antes de usarlas, para prevenir que se quemen.)

2. Caliente la parrilla o prepare el asador. Mezcle la salsa de soya, el vinagre, el jengibre y la pimienta roja molida; vierta sobre las brochetas y deje marinar durante 10 minutos; voltéelas una vez.

3. Escurra la marinada en un recipiente pequeño; revuelva la miel y unte la mezcla sobre la carne. Ponga a hervir la mezcla restante durante 2 minutos.

4. Ase las brochetas durante 3 o 4 minutos. Sirva el glaseado de miel restante como dip.

Rinde 4 porciones

Costillas de Res Condimentadas

3.600 kg de costilla de res para asar
Sal sazonada
Sal de grano

Caliente el horno a 260 °C.

Raye la grasa de la carne y frote generosamente con la sal sazonada. Cubra el fondo del recipiente para asar con la sal de grano, unos 2.5 cm de profundidad. Coloque la carne directamente sobre la sal y hornee, sin tapar, durante 8 minutos por cada 450 g para término casi crudo.

Rinde 8 porciones

Derecha:
Brochetas de Res con Glaseado de Miel

Filete Enrollado con Espárragos

450 g de espárragos frescos
  2 cucharadas de rábano rusticano preparado
  2 cucharadas de ajo picado
900 g a 1 kg de filete de res, abierto en mariposa

Esparza el rábano y el ajo sobre la carne. Acomode los espárragos en una hilera sobre los otros ingredientes. Enrolle firmemente y amarre. Coloque la carne sobre un molde para hornear.

Hornee a 180 °C durante 1 hora. Retire del horno y deje reposar por 10 minutos antes de rebanar.   *Rinde de 8 a 10 porciones*

Derecha:
Filete Enrollado con Espárragos

Filete con Jalapeños

Tiempo de Preparación: 15 *minutos*   **Tiempo de Cocción:** 10 *minutos*

450 g de solomillo de res o pollo deshuesado, cortado en tiras
  1 paquete (450 g) de pimiento morrón y tiras de cebolla, descongelados y escurridos, *o* 3 tazas de pimiento morrón y tiras de cebolla, frescos
340 g de queso mexicano con jalapeños, cortado

1. Rocíe una sartén grande con aceite en aerosol. Agregue la carne; cueza a temperatura alta durante 2 minutos o hasta que ya no esté rosada; retire de la sartén.

2. Agregue las verduras; cocine por 2 minutos. Reduzca el fuego a medio-bajo.

3. Añada el queso; revuelva hasta que se derrita. Incorpore las tiras de carne. Sirva sobre arroz blanco caliente o sobre tortillas.   *Rinde 6 porciones*

Arriba:
Filete con Jalapeños

Albondigón Sencillo

Tiempo de Preparación: 10 *minutos*   **Tiempo de Horneado:** 1 *hora*

900 g de carne molida magra de res o de pavo
1 paquete (190 g) de mezcla de relleno para carne
2 huevos batidos
½ taza de salsa catsup

MEZCLE 1 taza de agua y todos los ingredientes, excepto ¼ de taza de salsa catsup.

FORME una tortita ovalada con la mezcla de carne en el centro de un molde para hornear de 33✕23 cm; cubra con la salsa catsup restante.

HORNEE a 190 °C durante 1 hora o hasta que centro ya no esté rosado.

Rinde de 6 a 8 porciones

Nota: La receta se puede duplicar. Prepare como se indica, y forme 2 tortitas con la mezcla de carne. Colóquelas lado a lado en un molde para hornear de 33✕23 cm. Hornee a 190 °C durante 1 hora 25 minutos. Utilice el sobrante para hacer emparedados.

Chuletas de Cerdo Horneadas

1 ½ cucharaditas de cebolla deshidratada en polvo
⅓ de taza de pan molido
4 chuletas de cerdo de 2.5 cm de grosor (más o menos 1.350 kg)
1 huevo bien batido

1. Caliente el horno a 200 °C. Revuelva la cebolla y el pan molido. Pase las chuletas por el huevo, luego por el pan molido hasta que estén bien cubiertas.

2. Acomode las chuletas en un molde de 33✕23 cm ligeramente engrasado.

3. Hornee, tapadas, durante 20 minutos o hasta que estén listas; voltéelas una vez.

Rinde 4 porciones

Lomo de Cerdo con Limón y Alcaparras

675 g de lomo de cerdo, sin hueso
1 cucharada de alcaparras machacadas
1 cucharadita de romero seco
⅛ de cucharadita de pimienta negra
1 taza de agua
¼ de taza de jugo de limón

1. Caliente el horno a 180 °C. Quite la grasa del lomo.

2. Mezcle las alcaparras, el romero y la pimienta negra en un recipiente pequeño. Frote la mezcla de romero sobre el lomo. Coloque el lomo en un recipiente para asar. Combine el agua con el jugo de limón y vierta sobre el lomo.

3. Hornee, sin tapar, durante 1 hora o hasta que el termómetro insertado en la parte más gruesa del lomo registre 76 °C. Retire del horno; cubra con papel de aluminio. Deje reposar por 10 minutos antes de servir. Adorne a su gusto.

Rinde 8 porciones

Fantásticas Fajitas de Cerdo

2 cucharaditas de aceite vegetal
450 g de tiras de cerdo
½ cebolla mediana, pelada y rebanada
1 pimiento morrón verde, sin semillas y rebanado
4 tortillas de harina calientes

Caliente una sartén grande a fuego medio-alto. Ponga el aceite; deje al fuego hasta que esté bien caliente. Agregue las tiras de cerdo, la cebolla y las rebanadas de pimiento; sofría durante 4 o 5 minutos hasta que el cerdo ya casi no esté rosado y las verduras estén crujientes y suaves. Enrolle porciones de la mezcla de carne en las tortillas de harina y sirva con salsa, si lo desea.

Rinde 4 porciones

Derecha:
Lomo de Cerdo con
Limón y
Alcaparras

Asado de Cerdo con Durazno

1.350 a 1.800 kg de lomo de cerdo, sin hueso, enrollado
1 taza (360 g) de jalea de grosella
½ taza de mermelada de duraznos (melocotones)
Rebanadas de duraznos (melocotones) frescos o enlatados y grosellas para adornar, si lo desea

Coloque el lomo de cerdo en un recipiente para hornear; inserte el termómetro para carnes en un extremo del lomo. Hornee a 160 °C de 30 a 40 minutos o hasta que esté dorado. Voltee el lomo; hornee por 30 minutos más para que se dore la base. Voltee de nuevo el lomo para que se siga horneando y escurra.

En una cacerola a fuego medio, derrita la jalea y la mermelada; separe ½ taza de la mezcla. Unte el asado generosamente con la salsa restante. Hornee hasta que el termómetro registre 70 °C, por unos 15 minutos, bañando ocasionalmente con la salsa. Retire del horno. Adorne con las rebanadas de durazno y las grosellas, si lo desea. Sirva con salsa. *Rinde de 8 a 10 porciones*

Derecha:
Asado de Cerdo con Durazno

Arriba:
Medallones de Cerdo con Marsala

Medallones de Cerdo con Marsala

450 g de lomo de cerdo, en rebanadas de 1.5 cm de grosor
Harina de trigo
2 cucharadas de aceite de oliva
1 diente de ajo picado
½ taza de vino marsala dulce
2 cucharadas de perejil fresco picado

Enharine ligeramente el lomo de cerdo. Caliente el aceite en una sartén a fuego medio-alto. Agregue las rebanadas de cerdo; cocine hasta que estén doradas. Retire de la sartén; reduzca el fuego a medio. Agregue el ajo a la sartén; cocine y mueva durante 1 minuto. Ponga el vino y la carne; cocine hasta que el cerdo ya casi no esté rosado en el centro. Retire la carne de la sartén. Añada el perejil. Sazone la mezcla de vino hasta que espese ligeramente. *Rinde 4 porciones*

Chuletas de Cerdo con Maple y Arándanos

Tiempo de Preparación y Cocción: *20 minutos*

4 centros de chuletas de cerdo (1.5 cm de grosor), bien limpios
1 taza de vino tinto seco o jugo de manzana
½ taza de jarabe puro de maple o jarabe sabor maple
½ taza de arándanos deshidratados
1 cucharada de agua fría
2 cucharaditas de fécula de maíz

1. Rocíe una sartén grande con aceite en aerosol. Caliente la sartén a fuego medio-alto. Agregue las chuletas de cerdo; cocine de 3 a 5 minutos de cada lado o hasta que estén bien doradas. Retire de la sartén; mantenga calientes.

2. Agregue el vino, el jarabe y los arándanos a la sartén; cocine y revuelva a fuego medio-alto de 2 a 3 minutos.

3. Mezcle el agua y la fécula de maíz en un recipiente pequeño; revuelva hasta suavizar. Añada la mezcla de fécula de maíz a la sartén; cocine y revuelva durante 1 minuto o hasta que espese y se aclare. Reduzca el fuego a medio. Regrese las chuletas de cerdo a la sartén; vierta encima la salsa y deje hervir durante 1 minuto.

Rinde 4 porciones

Consejo Audaz

Se agrega vino o cualquier otro líquido a una cacerola en la que se acaba de guisar carne —proceso denominado "desglasear"— para retirar los restos de comida del recipiente y proporcionar un sabor más rico a las salsas.

Derecha:
Chuletas de Cerdo con Maple y Arándanos

Cerdo Agridulce

Tiempo de Preparación: *5 minutos*   **Tiempo de Cocción:** *de 15 a 18 minutos*

340 g de cerdo sin hueso
    1 cucharadita de aceite vegetal
    1 bolsa (450 g) de mezcla de verduras congeladas para freír
    1 cucharada de agua
    1 frasco (400 g) de salsa agridulce
    1 lata (225 g) de piña en trozos, escurrida

• Corte la carne en tiras delgadas.

• En una sartén grande, caliente el aceite a fuego medio-alto.

• Agregue la carne y sofría hasta que el cerdo esté dorado.

• Añada las verduras y el agua; tape y cocine a fuego medio de 5 a 7 minutos o hasta que las verduras estén crujientes y suaves.

• Destape; revuelva con la salsa agridulce y la piña. Cocine hasta que esté completamente cocido.

Rinde 4 porciones

Sugerencia para Servir: Sirva sobre arroz cocido caliente.

Consejo Rápido

Para nuggets de pollo o rollos de huevo rápidos con salsa agridulce, agregue azúcar y vinagre para resaltar el sabor de los chabacanos o duraznos enlatados.

Derecha:
Cerdo Agridulce

Asado de Cerdo Glaseado

1 lomo de cerdo para asar (1.800 a 2.250 kg), con hueso y amarrado
½ taza de jugo de sidra
¼ de taza de mostaza Dijon
¼ de taza de aceite vegetal
¼ de taza de salsa de soya

Inserte el termómetro para carne en el centro de la parte más gruesa del lomo. Acomode carbones calientes alrededor del recipiente para escurrimientos. Tape la parrilla y cocine de 2½ a 3 horas o hasta que el termómetro registre 76 °C, agregando más carbones conforme sea necesario. Mezcle el jugo de sidra, la mostaza, el aceite y la salsa de soya. Barnice el asado con la mezcla de jugo de sidra de 3 a 4 veces durante los últimos 30 minutos de cocción.

Rinde 6 porciones

Consejo para Servir

Permita que la carne asada repose de 10 a 15 minutos (cubierta ligeramente con papel de aluminio) después de cocinada para permitir que los jugos se redistribuyan por toda la carne. Así será más fácil trincharla y se cocerá de manera uniforme.

Chuletas Teriyaki Lite

½ taza de salsa teriyaki para marinar lite
2 cucharadas de rábano rusticano preparado
⅛ de cucharadita de canela molida
4 costillas de cerdo o chuletas de lomo, de 2 cm de grosor

Mezcle la salsa teriyaki, el rábano y la canela; vierta sobre las chuletas en una bolsa grande de plástico. Saque el aire de la bolsa; cierre firmemente. Voltee la bolsa varias veces para cubrir bien las chuletas. Refrigere por 1½ horas, volteando la bolsa ocasionalmente. Saque las chuletas y conserve la marinada. Coloque las chuletas sobre la parrilla de 12 a 17 cm de la fuente de calor. Cocine de 10 a 12 minutos o hasta que la carne esté ligeramente rosada en el centro, volteando y untando ocasionalmente con la marinada que conservó. (O ponga las chuletas sobre la rejilla del asador. Ase de 12 a 17 cm del fuego, de 8 a 10 minutos o hasta que estén ligeramente rosadas en el centro, volteando y untando ocasionalmente con la marinada.)

Rinde 4 porciones

Cerdo Picante con Durazno

4 chuletas de lomo sin hueso, en cuadritos
2 cucharadas de condimento para tacos
1 taza de salsa
4 cucharadas de mermelada de durazno (melocotón)

Sazone el cerdo con el condimento para tacos; dore ligeramente en una sartén a fuego medio-alto; agregue la salsa y la mermelada. Deje hervir; reduzca el fuego; tape y deje sazonar de 8 a 10 minutos. *Rinde 4 porciones*

Brochetas de Cordero con Lemon Pepper

1 ½ tazas de marinada de lemon pepper con jugo de limón
675 g de lomo de cordero para asar, en cubitos de 3.5 cm de grosor
12 champiñones
2 pimientos morrones verdes, cortados en trocitos
2 cebollas en rebanadas

En una bolsa grande de plástico, combine 1 taza de marinada y el lomo de cordero; selle la bolsa. Marine en el refrigerador durante 30 minutos por lo menos. Retire el cordero; deseche la marinada usada. Alternadamente, ensarte el cordero y las verduras en las brochetas. Ase a la parrilla de 8 a 10 minutos o hasta que alcancen el término deseado, volteando una vez y untando con la marinada restante. No unte más marinada durante los últimos 5 minutos de cocción. Elimine la marinada sobrante. *Rinde 6 porciones*

Sugerencia para Servir: Sirva sobre una cama de couscous con ensalada griega.

Arriba: *Cerdo Picante con Durazno*

Cordero con Salsa de Mostaza

1 **costillar de chuletas de cordero (1.350 kg), sin grasa visible**
1 **taza de perejil fresco finamente picado**
½ **taza de mostaza Dijon**
½ **taza de pan integral molido**
1 **cucharada de romero fresco picado** *o* **2 cucharadas de romero seco**
1 **cucharadita de ajo picado**
Romero fresco, rebanadas de limón y tiras de cáscara de limón (opcional)

Caliente el horno a 260 °C. Coloque las chuletas en un molde grande para hornear. Mezcle el perejil, la mostaza, el pan molido, el romero y el ajo en un recipiente pequeño. Esparza homogéneamente sobre la superficie del cordero. Coloque en el centro de horno; cocine durante 7 minutos para término medio. Apague el horno, pero no abra la puerta hasta después de 30 minutos por lo menos. Sirva 2 o 3 chuletas en cada plato, dependiendo del tamaño o de la cantidad de chuletas. Adorne con más romero, rebanadas de limón y tiras de cáscara de limón, si lo desea.

Rinde 6 porciones

Frotado de Tomillo y Lemon Pepper

¼ **de taza de tomillo fresco picado**
1 **cucharada de lemon pepper (especia)**
2 **cucharaditas de sal sazonada**
450 **g de chuletas de cordero**
2 **cucharadas de aceite de oliva**

En un recipiente pequeño, mezcle el tomillo, el lemon pepper y la sal sazonada; revuelva bien. Unte ambos lados de las chuletas con aceite. Espolvoree con la mezcla de tomillo, presionando sobre las chuletas. Ase a la parrilla de 10 a 12 minutos hasta el término deseado, volteando a la mitad del tiempo de asado.

Rinde 4 porciones

Derecha:
*Cordero con Salsa
de Mostaza*

Pierna de Cordero

3 cucharadas de mostaza de grano grueso
2 dientes de ajo picados*
1 ½ cucharaditas de romero seco machacado
½ cucharadita de pimienta negra
1 pierna de cordero, bien limpia, con hueso, enrollada y atada (más o menos 1.800 kg)
Jalea de menta (opcional)

*Para que la carne tenga un sabor más intenso, corte el ajo en rebanadas. Haga pequeños cortes en la pierna e inserte allí las rebanadas de ajo.

Caliente el horno a 200 °C. Mezcle la mostaza, el ajo, el romero y la pimienta. Frote la mezcla de mostaza sobre el cordero.**Coloque la pierna sobre un molde hondo de aluminio para hornear. Hornee por 15 minutos. Baje la temperatura del horno a 160 °C; hornee durante 20 minutos por cada 450 g para término medio o hasta que la temperatura interna alcance los 62 °C, registrada con un termómetro para carne insertado en la parte más gruesa de la carne, sin tocar el hueso.

Coloque la pierna en una tabla para picar; cubra con papel de aluminio. Deje reposar de 10 a 15 minutos antes de trincharla. La temperatura interna aumentará de 3 a 6 °C durante el tiempo en que esté en reposo.

Quite los hilos y deséchelos. Corte la pierna en rebanadas delgadas; sirva con la jalea de menta, si lo desea.   *Rinde de 10 a12 porciones*

**En este punto, la pierna de cordero puede taparse y refrigerarse hasta por 24 horas antes de asarse.

Consejo Audaz

Elija cabezas de ajo firmes y secas, con los dientes bien cerrados y la cáscara suave. Evite el ajos con raíces verdes. Almacénelos, sin tapar, en un lugar fresco, seco, oscuro y con buena ventilación hasta por 3 meses.

Derecha:
Pierna de Cordero

Aves

Los platillos de pollo y de pavo forman una parte muy común de la alimentación de la mayoría de las familias, ya que ofrecen un sinnúmero de posibilidades para crear platillos sensacionales y rápidos de hacer. Ya sea que elabore platillos asados, cautivantes cacerolas o guisados estimulantes, las aves son un deleite.

Derecha:
Pechugas Parmesanas (receta en página 90)

Pay Enchilado

8 tortillas de maíz (de 15 cm)
1 frasco (360 g) de salsa
1 lata (440 g) de alubias, enjuagadas y escurridas
1 taza de pollo cocido deshebrado
1 taza de queso para fundir con jalapeños, desmoronado

Instrucciones para Cocción Lenta: Prepare las agarraderas de aluminio (ver nota abajo); colóquelas en la olla de cocción lenta. Ponga 1 tortilla en el fondo de la olla. Cúbrala con una pequeña cantidad de salsa, alubias, pollo y queso. Con los ingredientes restantes, continúe haciendo capas, para finalizar con el queso. Tape y cueza a temperatura baja de 6 a 8 horas, o a temperatura alta de 3 a 4 horas. Saque el pay con las agarraderas de aluminio. *Rinde de 4 a 6 porciones*

Agarraderas de Aluminio: Corte tres tiras de 45×5 cm de papel de aluminio regular doblado para duplicar su grosor. Entrecruce las tiras de papel en las asas y coloque en la olla para que sea más fácil sacar el pay.

Crujientes Dedos de Pollo
Tiempo de Preparación y Cocción: *25 minutos*

1 ⅓ tazas de aros de cebolla para freír
450 g de tiras delgadas de pollo, sin hueso y sin piel
3 a 4 cucharadas de mostaza con miel

1. Caliente el horno a 200 °C. Machaque las cebollas con un rodillo.

2. Cubra las tiras de pollo con la mostaza. Páselas por las cebollas machacadas. Coloque el pollo en un charola para hornear.

3. Hornee durante 15 minutos o hasta que el pollo esté crujiente y pierda su color rosado en el centro. *Rinde 4 porciones*

Nota: Las mitades de pechuga deshuesadas pueden sustituir a las tiras de pollo.

Consejo Audaz

Siempre cueza el pollo por completo. No lo cueza parcialmente ni lo almacene para terminar de cocerlo después.

Derecha:
Pay Enchilado

Pollo Cítrico

1 naranja grande
1 lima grande
¾ de taza de aderezo italiano
1.125 a 1.350 kg de piezas de pollo

Ralle suficiente cáscara de naranja hasta obtener 1½ cucharaditas y exprima el jugo hasta llenar ⅓ de taza.

Ralle suficiente cáscara de lima hasta obtener 1 cucharadita* y exprima suficiente jugo para obtener 3 cucharadas.

Para la marinada, mezcle el aderezo italiano, los jugos de naranja y de lima, y las cáscaras de naranja y de lima en un recipiente hondo que no sea de aluminio o en una bolsa de plástico; vierta ¾ de taza de marinada sobre el pollo; voltee para cubrir. Tape, o cierre la bolsa, y marine en el refrigerador, volteando ocasionalmente, de 3 a 24 horas. Refrigere la marinada restante.

Retire el pollo de la marinada y deséchela. Ase el pollo a la parrilla, volteando ocasionalmente y barnizándolo a menudo con la marinada restante, hasta que el pollo ya no esté rosado en el centro.   *Rinde 4 porciones*

*Puede omitir la cáscara de lima. Sólo utilice 3 cucharadas de jugo de lima.

Pollo Marinado Fresco

2 cucharaditas de ajo en polvo
⅓ de taza de agua
¼ de taza de aceite vegetal o de oliva
1 cucharadita de jugo de limón o vinagre
4 mitades de pechuga de pollo deshuesadas (unos 565 g)

1. Para la marinada, mezcle todos los ingredientes, excepto el pollo.

2. En un recipiente hondo o en una bolsa de plástico, vierta ½ taza de la marinada sobre el pollo. Tape, o cierre la bolsa, y marine en el refrigerador, volteando ocasionalmente, hasta por 3 horas. Refrigere la marinada restante.

3. Retire el pollo y deseche la marinada. Ase el pollo a la parrilla, volteando una vez y barnizando con la marinada refrigerada, hasta que el pollo ya no esté rosado en el centro.

Rinde 4 porciones

Arriba: *Pollo Marinado Fresco*

Milanesas de Pechuga

Tiempo de Preparación: *de 6 a 8 minutos*　　**Tiempo de Cocción:** *6 minutos*

1 paquete (unos 450 g) de pechuga fresca de pollo, en rebanadas
　　delgadas, o chuletas de pechuga de pavo
Sal y pimienta molida al gusto
½ taza de pan molido con condimento italiano
½ taza de queso parmesano rallado
1 huevo grande batido con 1 cucharadita de agua
2 a 3 cucharadas de aceite de oliva

Sazone las pechugas con sal y pimienta. En un papel encerado, mezcle el pan molido y el queso parmesano. Pase las pechugas por la mezcla de huevo y aplane sobre la mezcla de pan molido. En una sartén antiadherente grande, a fuego medio-alto, caliente el aceite. Ponga las pechugas y sofría durante 3 minutos de cada lado, hasta que estén doradas y bien cocidas.

Rinde 4 porciones

Pay de Pollo con Queso

450 g de mitades de pechuga de pollo, deshuesadas y sin piel, en trocitos de 1.5 cm
1 cucharada de harina de trigo
1 frasco (450 ml) de salsa con queso para pasta
1 frasco (450 g) de verduras mixtas, descongeladas
1 base para pay

Caliente el horno a 220 °C. En un refractario, espolvoree la harina sobre el pollo. Añada la salsa y las verduras. Cubra el refractario con la base para pay. Presione la pasta alrededor de la orilla del refractario; quite el exceso de pasta y selle las orillas. Cubra con papel de aluminio y hornee por 20 minutos. Retire el papel de aluminio y hornee durante otros 20 minutos o hasta que la pasta esté dorada y el pollo pierda su color rosado en el centro. Deje reposar por 5 minutos antes de servir.

Rinde 6 porciones

Consejo: Éste es un platillo perfecto para usar sobrantes. Sustituya el pollo por cerdo, pechuga de pavo o carne cocida de res.

Pollo Hawaiano

Tiempo de Preparación: 5 *minutos*　　**Tiempo de Cocción:** 15 *minutos*

1 cucharada de aceite
450 g de pechugas de pollo deshuesadas, en trozos de 5 cm
1 lata (570 g) de trocitos de piña en almíbar
½ taza de salsa para glasear con mostaza y miel
1 pimiento morrón rojo o verde, cortado en trocitos

1. Caliente 1 cucharada de aceite en una sartén a fuego medio-alto. Cocine hasta que el pollo esté dorado; escurra.

2. Agregue los demás ingredientes. Deje hervir. Reduzca el fuego a medio-bajo y deje sazonar de 5 a 8 minutos o hasta que el pollo ya no esté rosado en el centro y la salsa espese ligeramente. Sirva con arroz, si lo desea.

Rinde 4 porciones

Pollo y Espárragos a la Holandesa

1 paquete (45 g) de mezcla para salsa holandesa
450 g de pechugas de pollo deshuesadas, cortadas en tiras
2 cucharaditas de jugo de limón
1 caja (285 g) de espárragos congelados
Pizca de pimienta de Cayena

• Prepare la salsa holandesa siguiendo las instrucciones del paquete.

• Rocíe una sartén con aceite en aerosol; cueza las tiras de pechuga a fuego medio-alto hasta que estén doradas, revolviendo ocasionalmente.

• Agregue la salsa holandesa, el jugo de limón y los espárragos. Tape y cocine revolviendo de vez en cuando, de 5 a 10 minutos o hasta que los espárragos estén bien calientes. (No cueza de más.)

• Sazone con la pimienta de Cayena, sal y pimienta negra, al gusto.

Rinde de 4 a 6 porciones

Pollo con Glaseado de Chabacano

½ taza de aderezo italiano
2 cucharaditas de jengibre molido (opcional)
1 pollo, cortado en piezas para servir (1.125 a 1.350 kg)
¼ de taza de mermelada de chabacano (albaricoque)

En una bolsa de plástico, mezcle el aderezo italiano y el jengibre. Agregue el pollo; voltee para cubrir. Cierre la bolsa, y deje marinar dentro del refrigerador, volteando ocasionalmente, durante 3 horas o por toda la noche. Retire el pollo; reserve ¼ de taza de la marinada. En un recipiente, deje que la marinada llegue al primer hervor y continúe hirviendo por 1 minuto más. Retire del fuego y vierta la mermelada hasta que se derrita. Ase el pollo a la parrilla hasta que ya no esté rosado cerca del hueso; barnícelo con la mezcla de mermelada durante los últimos 5 minutos de cocción.

Rinde 4 porciones

Derecha:
*Pollo y Espárragos
a la Holandesa*

Pollo con Espárragos al Limón

Tiempo de Preparación y Cocción: *20 minutos*

1 cucharada de aceite vegetal
4 mitades de pechuga deshuesadas y sin piel (unos 450 g)
1 lata (300 ml) de crema condensada de espárragos
¼ de taza de leche
1 cucharada de jugo de limón
⅛ de cucharadita de pimienta

1. En una sartén mediana a fuego medio-alto, caliente el aceite. Agregue el pollo y cocine durante 8 minutos o hasta que esté dorado. Quite la grasa.

2. Agregue la sopa, la leche, el jugo de limón y la pimienta. Caliente hasta hervir. Regrese el pollo a la cacerola. Reduzca el fuego a bajo. Tape y cocine por 5 minutos o hasta que el pollo ya no esté rosado.   *Rinde 4 porciones*

Consejo Rápido

Si usted le quita la piel y los huesos a las pechugas de pollo, resérvelos. Colóquelos en una bolsa de plástico y congélelos; pronto tendrá suficientes para hacer su condimento casero de pollo.

Derecha, de arriba abajo:
Papa al Horno con Espárragos y Jamón (pagina 16) y Pollo con Espárragos al Limón

Pollo con Chile

Tiempo de Preparación: *5 minutos*   **Tiempo de Cocción:** *25 minutos*

6 mitades de pechuga de pollo deshuesadas y sin piel
1 sobre de sazonador para pollo
½ taza (60 g) de queso cheddar o para fundir, desmoronado
1 lata (120 g) de chiles verdes picados, escurridos
Salsa (opcional)

CALIENTE el horno a 200 °C.

CUBRA el pollo con el sazonador.

HORNEE durante 20 minutos en un recipiente de aluminio, sin engrasar, de 38×25 cm. Mezcle los quesos y los chiles. Sirva sobre el pollo. Hornee por 5 minutos o hasta que el pollo esté bien cocido y el queso se derrita. Sirva con salsa.   *Rinde 4 porciones*

Pollo Asado con Limón y Ajo

1 cebolla pequeña finamente picada
1 sobre de mezcla para sopa de hierbas con ajo
2 cucharadas de aceite de oliva o vegetal
2 cucharadas de jugo de limón
1 pollo (de 1.500 kg)

1. En una bolsa grande de plástico, o en un recipiente, revuelva la cebolla y la mezcla para sopa con el aceite y el jugo de limón; agregue el pollo. Cierre la bolsa y sacuda hasta que el pollo esté cubierto homogéneamente. Tape y deje marinar en el refrigerador, volteando ocasionalmente, durante 2 horas.

2. Caliente el horno a 180 °C. Coloque el pollo y la marinada en un recipiente para hornear de 33×23 cm. Acomode el pollo, con la pechuga hacia arriba; deseche la bolsa.

3. Hornee, sin tapar, untando la marinada ocasionalmente, durante 1 hora 20 minutos o hasta que el termómetro para carne alcance los 81 °C. (Inserte el termómetro en la parte más gruesa del pollo, entre la pechuga y la pierna; asegúrese de que la punta no toque el hueso.) *Rinde 4 porciones*

Pollo a la Parrilla con Jalapeños

6 mitades de pechugas de pollo
¼ de taza de pasta de jalapeños
2 cucharadas de jugo de limón fresco

Mezcle la pasta de jalapeños y el jugo de limón en una cacerola pequeña. Caliente a fuego medio, revolviendo ocasionalmente, hasta que se derrita y esté suave. Ase a la parrilla las pechugas, de 15 a 20 minutos de cada lado o hasta que la temperatura interna alcance los 76 °C y el pollo ya no esté rosado en el centro. Unte la mezcla de jalapeños sobre el pollo durante los últimos 10 minutos de asado. *Rinde 6 porciones*

Derecha:
Pollo Asado con Limón y Ajo

Brochetas de Pollo a la Parrilla

1 taza de aderezo de mayonesa light
1 sobre de mezcla de aderezo italiano para ensaladas
2 cucharadas de vinagre
2 cucharadas de agua
675 g de mitades de pechuga de pollo, deshuesadas y sin piel, en piezas
    de 3 cm
    Variedad de verduras frescas cortadas (pimientos, champiñones,
    cebollas y calabacita)

REVUELVA el aderezo, el aderezo italiano, el vinagre y el agua en un recipiente pequeño. Reserve ½ taza para acompañar las brochetas ya cocidas.

ACOMODE el pollo y las verduras en 6 brochetas. Vierta la mezcla de aderezo restante sobre las brochetas en un recipiente para brochetas. Refrigere por 30 minutos para marinar. Retire las brochetas de la marinada y deséchela.

COLOQUE las brochetas en la parrilla sobre el carbón a temperatura media-alta. Ase de 10 a 15 minutos o hasta que el pollo ya no esté rosado en el centro. Sirva con la mezcla de aderezo que reservó.

Rinde 6 porciones

Variante: Omita la parrilla. Caliente el asador. Coloque las brochetas sobre el recipiente del asador; barnícelas con la mezcla. Ase de 12 a 17 cm de la fuente de calor, de 10 a 15 minutos o hasta que el pollo ya no esté rosado en el centro.

Consejo Audaz

Las brochetas largas de madera funcionan muy bien para porciones individuales que contengan pollo, carne, verduras y frutas. Sumerja en agua las brochetas durante 30 minutos antes de usarlas para prevenir que se quemen.

Derecha:
*Brochetas de Pollo
a la Parrilla*

Pollo Crujiente al Horno

4 mitades de pechugas de pollo, deshuesadas (de unos 120 g cada una)
¾ de taza de salsa de pimienta roja
1 taza (115 g) de totopos de maíz molidos
Tomates cherry y hojas de salvia (opcional)

Lave el pollo; séquelo con toallas de papel. Colóquelo en un molde hondo que no sea de metal o en una bolsa de plástico para alimentos. Vierta la salsa sobre el pollo. Cubra con papel de aluminio, o selle la bolsa; deje marinar en el refrigerador durante 8 horas o por toda la noche.

Caliente el horno a 180 °C. Cubra una charola para hornear con aceite en aerosol. Ponga los totopos de maíz sobre papel encerado. Retire el pollo de la salsa y deséchela; pase el pollo sobre los totopos. Acomode sobre la charola para hornear; hornee durante 45 minutos o hasta que el pollo ya no esté rosado en el centro y los totopos estén crujientes. Sirva caliente. Adorne con los tomates y la salvia, si lo desea.

Rinde 4 porciones

Pollo en Salsa

1 kg de pechugas de pollo
1 frasco (225 g) de aderezo para ensalada ruso o francés
1 cucharadita de cebolla (seca)
1 taza (frasco de 360 g) de mermelada de chabacano (albaricoque)
Arroz cocido caliente (opcional)

Coloque el pollo, con la piel hacia arriba, en un molde para hornear de 33×23 cm. Revuelva el aderezo, la cebolla y la mermelada. Vierta sobre el pollo.

Hornee a 180 °C durante 1 hora o hasta que, al insertar un tenedor, la carne esté suave y los jugos estén claros; a la mitad del tiempo de cocción, vierta la salsa sobre las pechugas. Sirva sobre arroz caliente, si lo desea.

Rinde 8 porciones

Derecha:
Pollo Crujiente al Horno

Pechugas Parmesanas

Tiempo de Preparación y Cocción: *30 minutos*

4 mitades de pechugas, deshuesadas y sin piel
2 latas (de 420 g cada una) de tomate rojos estilo italiano
2 cucharadas de fécula de maíz
½ cucharadita de orégano seco o albahaca seca, machacado
¼ de cucharadita de salsa picante (opcional)
¼ de taza de queso parmesano rallado

1. Caliente el horno a 220 °C. Aplane ligeramente cada pechuga; colóquelas en un molde de 28×18 cm.

2. Cubra con papel de aluminio; hornee durante 20 minutos o hasta que el pollo ya no esté rosado en el centro. Retire el aluminio y escurra.

3. Mientras tanto, en una cacerola, mezcle los tomates, la fécula de maíz, el orégano y la salsa picante. Sofría para disolver la fécula de maíz. Cocine, revolviendo constantemente, hasta que espese.

4. Vierta la salsa sobre el pollo; cubra con el queso.

5. Regrese al horno; hornee, sin tapar, por 5 minutos o hasta que el queso esté derretido. Adorne con perejil picado y sirva con arroz o pasta, si lo desea.

Rinde 4 porciones

Consejo para Servir

Cuando planee el menú, seleccione primero el entremés y luego platillos que tengan buena apariencia. Por ejemplo, arroz o pasta para acompañar el platillo junto con una entrada que tenga salsa roja.

Alitas del Cielo

- 1 cucharada de salsa de soya
- 1 cucharada de jerez seco
- 18 alitas de pollo
- ⅓ de taza de salsa teriyaki para glasear
- 1 diente de ajo grande picado
- 2 cucharaditas de ajonjolí tostado

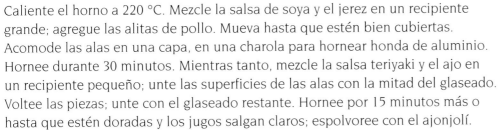

Caliente el horno a 220 °C. Mezcle la salsa de soya y el jerez en un recipiente grande; agregue las alitas de pollo. Mueva hasta que estén bien cubiertas. Acomode las alas en una capa, en una charola para hornear honda de aluminio. Hornee durante 30 minutos. Mientras tanto, mezcle la salsa teriyaki y el ajo en un recipiente pequeño; unte las superficies de las alas con la mitad del glaseado. Voltee las piezas; unte con el glaseado restante. Hornee por 15 minutos más o hasta que estén doradas y los jugos salgan claros; espolvoree con el ajonjolí.

Rinde 6 porciones

Pollo Asado con Aderezo Ranch

- 1 paquete (30 g) de aderezo para ensalada tipo Ranch
- 2 cucharadas de aceite de oliva
- 1 cucharada de vinagre de vino tino
- 450 g de pechugas de pollo, deshuesadas y sin piel, y/o piernas de pollo

Mezcle el aderezo para ensalada, el aceite y el vinagre en una bolsa de plástico que se pueda cerrar. Agregue el pollo; mueva para que la mezcla se adhiera a la carne. Marine durante 1 hora en el refrigerador. Ase el pollo de 10 a 14 minutos, volteando una vez, o hasta que la carne ya no esté rosada en el centro.

Rinde 4 porciones

Gallinitas Asadas a la Francesa

1 paquete (1.350 g) de gallinitas de Cornualles, frescas
3 cucharadas de aceite de oliva
1 cucharada de hierbas de Provence
  Sal y pimienta negra
3 dientes de ajo pelados
½ taza de vino blanco o agua

Frote las gallinitas con 1 cucharada de aceite; sazone con las hierbas, la sal y la pimienta al gusto. Caliente el aceite restante en una sartén grande y honda a fuego medio-alto. Agregue las gallinitas y 2 dientes de ajo. Dórelas ligeramente por ambos lados. Deseche el ajo cocido y añada el otro diente de ajo. Reduzca el fuego a bajo. Tape y cocine de 30 a 40 minutos hasta que las gallinitas estén doradas y los jugos salgan claros, volteando 2 o 3 veces.

Ponga las gallinitas en un platón; deseche el ajo. Vierta el vino en la sartén; cocine durante 1 minuto, revolviendo para incorporar los jugos. Sirva las gallinitas con el jugo de la sartén.   *Rinde de 2 a 4 porciones*

Zanahorias con Pollo a la Mediterránea

Tiempo de Preparación: 5 *minutos*   **Tiempo de Cocción:** 20 *minutos*

2 cajas (de 285 g cada una) de zanahorias miniatura enteras, congeladas
2 tazas de pechugas de pollo cocidas, en cuadritos
3 cucharadas de azúcar morena
2 cucharadas de jugo de limón
1 cucharadita de comino

• En una cacerola grande, mezcle todos los ingredientes. Tape; cocine a fuego bajo durante 20 minutos o hasta que el pollo esté bien caliente y las zanahorias estén suaves.   *Rinde 4 porciones*

Consejo Audaz

Las gallinas de Cornualles son híbridos de gallinas pequeñas. Pesan de 450 a 675 g y se venden completas o en mitades. Son suaves y su carne es muy jugosa, por lo que se obtienen asados excelentes.

Derecha:
Gallinitas Asadas a la Francesa

Marinada Italiana

¾ de taza de aderezo italiano
1.125 a 1.350 kg de pollo en piezas

En una cacerola grande y honda, que no sea de aluminio, o en una bolsa de plástico, vierta ½ taza de aderezo italiano sobre el pollo. Cubra o cierre la bolsa y deje marinar en el refrigerador, volteando ocasionalmente, de 3 a 24 horas.

Retire el pollo de la marinada y deséchela. Ase el pollo a la parrilla, volteando una vez y barnizando a menudo con el aderezo restante, hasta que el pollo ya no esté rosado en el centro.
Rinde unas 4 porciones

Chuletas de Pollo con Cebolla

Tiempo de Preparación: *15 minutos*   **Tiempo de Cocción:** *de 4 a 8 minutos*

1 ⅓ tazas de cebollas a la francesa
4 chuletas de pollo finamente rebanadas (450 g), aplanadas a .5 cm de grosor
3 cucharadas de mostaza oscura
1 o 2 cucharadas de aceite vegetal
Sal y pimienta al gusto

Coloque la cebolla en una bolsa de plástico para alimentos; ciérrela. Presiónelas con el rodillo hasta que estén bien machacadas. Póngalas en una hoja de papel encerado.

Unte cada lado del pollo con 1 cucharadita de mostaza. Pase el pollo con mostaza sobre las cebollas machacadas, presionando para cubrirlas.

Caliente 1 cucharada de aceite en una sartén antiadherente grande a fuego medio. Cocine el pollo de 1 a 2 minutos de cada lado hasta que ya no esté rosado en el centro. Repita la operación con el aceite y las chuletas restantes. Sazone con sal y pimienta al gusto.
Rinde 4 porciones

Derecha:
Marinada Italiana

Pechugas de Pollo Parmesanas

Tiempo de Preparación: 10 *minutos*　**Tiempo de Horneado:** 25 *minutos*

½ **taza de queso parmesano rallado**
¼ **de taza de pan molido**
1 **cucharadita de orégano seco y de perejil seco**
¼ **de cucharadita de pimentón, de sal y de pimienta negra**
6 **mitades de pechuga de pollo, deshuesadas y sin piel (unos 900 g)**
2 **cucharadas de mantequilla o margarina derretida**

REVUELVA el queso, el pan molido y los condimentos.

SUMERJA el pollo en la mantequilla; cúbralo con la mezcla de queso. Colóquelo en un refractario para hornear de 27×25×2.5 cm, rociado con aceite en aerosol.

HORNEE a 200 °C durante 20 o 25 minutos o hasta que el pollo ya no esté rosado en el centro.　*Rinde 6 porciones*

Condimente: Sustituya la pimienta negra por ¼ de cucharadita de pimienta roja.

Arriba:
Pechugas de Pollo Parmesanas

Pollo Glaseado al Horno

Tiempo de Preparación: 5 *minutos*　**Tiempo de Cocción:** 45 *minutos*

1.350 kg **de pollo cortado en octavos**
½ **taza de salsa para glasear con mostaza y miel o salsa teriyaki para glasear**

1. Caliente el horno a 180 °C. Coloque el pollo en un recipiente para hornear poco engrasado. Barnice uniformemente con la salsa para glasear.

2. Hornee durante 45 minutos o hasta que el pollo ya no esté rosado cerca del hueso. Sirva con más salsa para glasear.　*Rinde de 4 a 6 porciones*

Pay de Pollo Campestre

Tiempo de Preparación: 5 *minutos*   **Tiempo de Cocción:** 15 *minutos*

 1 paquete (40 g) de mezcla para salsa blanca
2¼ tazas de leche
 2 a 3 tazas de pollo cocido, en cuadritos*
 3 tazas de mezcla de verduras congeladas
1½ tazas de croutones sazonados**

¿No sería mejor utilizar el pollo que sobró el día anterior? Antes de empezar la receta, corte 450 g de pollo deshuesado y sin piel en cuadritos de 2.5 cm. Cocine el pollo con 1 cucharada de mantequilla o margarina en una sartén grande hasta que ya no esté rosado, y luego continúe con la receta.

**Para un toque especial, sustituya los croutones por 4 panecillos. Pártalos y agréguelos a la sartén.*

• Prepare la salsa blanca con la leche en una sartén grande, siguiendo las instrucciones del paquete.

• Agregue el pollo y las verduras. Deje hervir a fuego medio-alto; cocine durante 3 minutos o hasta que esté bien caliente, revolviendo ocasionalmente.

• Cubra con los croutones; tape y deje reposar por 5 minutos.

Rinde unas 4 porciones

Sugerencia para Servir: Sirva con ensalada verde.

Pollo Paraíso con Ciruela

  1 pollo (1.350 kg) en cuartos
115 g de ciruelas frescas y maduras, peladas, deshuesadas y en trozos
  $\frac{1}{2}$ taza de salsa teriyaki para glasear
  1 cucharada de azúcar morena

Enjuague el pollo bajo el chorro del agua fría; séquelo con toallas de papel. Coloque las ciruelas en la licuadora; procese a baja velocidad hasta que estén suaves. Mezcle las ciruelas con la salsa teriyaki y el azúcar morena.

Coloque el pollo en la parrilla de 12 a 17 cm sobre los carbones calientes; cocine durante 20 minutos, volteando ocasionalmente. Unte el pollo con la mezcla para glasear; cocine de 10 a 15 minutos más o hasta que el pollo ya no esté rosado en el centro, volteándolo y barnizándolo a menudo con la mezcla restante.

Rinde 4 porciones

Arriba:
*Brochetas de Pollo
con Miel*

Brochetas de Pollo con Miel

1 pimiento morrón verde mediano, en cuadritos de 2.5 cm
2 pechugas de pollo deshuesadas y sin piel, en mitades (unos 565 g)
1 lata (225 g) de trocitos de piña, escurridos
$\frac{1}{2}$ taza de Salsa 57
$\frac{1}{4}$ de taza de miel

En una cacerola pequeña, blanquee el pimiento en agua hirviente durante 1 minuto; escurra. Corte las pechugas de pollo por la mitad en 4 piezas. Alternadamente, ensarte el pollo, el pimiento y la piña en las brochetas. En un recipiente pequeño, mezcle la Salsa 57 y la miel. Unte las brochetas con esta mezcla. Ase las brochetas a la parrilla, a 15 cm del fuego, de 12 a 14 minutos o hasta que el pollo esté suave y pierda su color rosado en el centro, volteando y untando con la mezcla una vez más.

Rinde 4 porciones

Pollo Picante Texano en Dos Pasos

Tiempo de Preparación: 5 *minutos*   **Tiempo de Cocción:** 20 *minutos*

4 mitades de pechugas de pollo, deshuesadas y sin piel
1 ½ tazas de salsa picante o salsa espesa
3 cucharadas de azúcar morena
1 cucharada de mostaza Dijon

1. Coloque el pollo en un molde para hornear hondo de 2 litros. Mezcle la salsa picante, el azúcar y la mostaza. Vierta sobre el pollo.

2. Hornee a 200 °C durante 20 minutos o hasta que el pollo ya no esté rosado en el centro. Sirva con arroz caliente, si lo desea. *Rinde 4 porciones*

Pollo Horneado con Hierbas

⅔ de taza de aderezo preparado para ensalada tipo Ranch
1 huevo ligeramente batido
1 pollo (1.350 kg) cortado
½ taza de harina de trigo
2 tazas de hojuelas de maíz machacadas

Caliente el horno a 180 °C. En un plato hondo, mezcle el aderezo para ensalada y el huevo. Enjuague el pollo; séquelo con toallas de papel. Pase las piezas de pollo por la harina y sumérjalo en la mezcla de aderezo. Páselo por las hojuelas machacadas. Coloque el pollo en un molde para hornear de aluminio. Hornee hasta que esté suave y ya no esté rosado, de 45 a 50 minutos.

Rinde 4 porciones

Consejo Audaz

El azúcar morena es una mezcla granulada de azúcar y melaza que debe estar húmeda y pegajosa cuando está fresca, pero se puede secar fácilmente. Si le agrega una pieza de pan o una rebanada de manzana a la caja, recuperará su humedad.

Pavo con Especias y Salsa de Frutas

180 g de pechugas de pavo
2 cucharaditas de jugo de lima
1 cucharadita de condimento de mezquite para pollo o comino molido
¼ de taza de salsa espesa
½ taza de cerezas dulces, descongeladas y cortadas por la mitad*

Las cerezas congeladas pueden ser sustituidas por cerezas enlatadas, escurridas.

1. Prepare la parrilla para asado directo. Unte ambas partes del pavo con el jugo de lima. Espolvoree ambos lados con el condimento de mezquite.

2. Ase el pavo, con los carbones a temperatura media, de 10 a 20 minutos o hasta que el pavo ya no esté rosado en el centro y los jugos salgan claros, volteando una vez.

3. Mientras tanto, mezcle la salsa y las cerezas en un recipiente pequeño.

4. Rebane finamente el pavo. Vierta la mezcla de salsa sobre el pavo.

Rinde 2 porciones

Hamburguesas de Pavo Teriyaki

450 g de pavo molido
⅓ de taza de salsa teriyaki con jugo de piña
3 cucharadas de cebollines finamente rebanados
¼ de taza de piña picada, escurrida
½ cucharadita de ajo en polvo con perejil

En un recipiente mediano, mezcle todos los ingredientes; revuelva bien. Haga 4 tortitas (la mezcla debe estar húmeda). Ase a la parrilla, a 12 cm de la fuente de calor, de 3 a 5 minutos de cada lado o hasta que la carne ya no esté rosada en el centro.

Rinde 4 porciones

Consejo para Servir

Las hamburguesas de pavo son excelentes cuando se sirven en bollos de cebolla, con lechuga, cebolla rebanada y piña.

Derecha:
Pavo con Especias y Salsa de Frutas

Brochetas de Pavo Preferidas de Papá

3 elotes (maíz), en trozos de 2.5 cm
2 calabacitas medianas, en piezas de 2 cm
2 pimientos morrones rojos, en cuadritos de 2.5 cm
2 pechugas de pavo (unos 450 g), en cuadritos de 2.5 cm
⅓ de taza de aderezo para ensaladas tipo italiano, bajo en calorías
Aderezo para ensaladas tipo italiano bajo en calorías, adicional

En una cacerola mediana, a fuego alto, blanquee los elotes en agua hirviente durante 1 o 2 minutos. Retírelos de la cacerola y sumérjalos en agua fría.

En un recipiente grande de vidrio, coloque el elote, la calabacita, los pimientos y el pavo con ⅓ de taza de aderezo; tape y refrigere de 1 a 2 horas.

Escurra el pavo y las verduras; elimine la marinada. Alternadamente, ensarte los cuadritos de pavo y las verduras en 8 brochetas, dejando un espacio de 1.5 cm entre los ingredientes.

En una parrilla de exteriores, cocine las brochetas de 18 a 20 minutos, untando con el aderezo adicional. Voltee las brochetas después de 10 minutos.

Rinde 4 porciones (8 brochetas)

Pavo Glaseado con Frambuesa

½ taza de mermelada de frambuesa sin semillas
6 cucharadas de vinagre de frambuesa
¼ de mostaza Dijon
4 pechugas de pavo pequeñas

En una cacerola grande, revuelva la mermelada, el vinagre y la mostaza. Ponga a hervir a fuego alto; cocine y revuelva durante 3 minutos. Reserve ½ taza del glaseado; cubra el pavo con un poco del glaseado restante.

Ponga el pavo sobre la rejilla de la parrilla. Ase a 10 cm de la fuente de calor de 15 a 20 minutos o hasta que el centro ya no esté rosado, volteando y untando una vez más con el glaseado. Rebane transversalmente el pavo. Sirva con el glaseado que reservó. *Rinde de 4 a 6 porciones*

Pavo Ahumado con Néctar de Arándanos

Tiempo de Preparación: *15 minutos*

1 pavo ahumado joven, completamente cocido, descongelado y finamente rebanado
1 lata (450 g) de salsa de arándanos con fruta entera
Jugo de ½ lima
1 cucharada de chile jalapeño picado y sin semillas
½ cucharadita de sal

Mezcle la salsa de arándanos, el jugo de limón, el jalapeño y la sal en un procesador de alimentos; procese hasta que esté suave. Vierta el néctar de arándano sobre el pavo rebanado. Sirva con muffins miniatura de maíz con arándanos, si lo desea. *Rinde 6 porciones*

Consejo Audaz

Los jalapeños son chiles pequeños, de color verde oscuro, que normalmente miden de 5 a 7 cm de largo y unos 2 cm de ancho, con un extremo un poco puntiagudo. Su sabor va de picante a muy picante. Se venden frescos, enlatados o en vinagre.

Pavo Rostizado con Hierbas

Tiempo de Preparación: 20 *minutos*   **Tiempo de Cocción:** 3 *horas* 30 *minutos*
Tiempo de Enfriamiento: 15 *minutos*   **Tiempo Total:** 4 *horas* 5 *minutos*

1 pavo (de 5.400 kg), descongelado
½ taza de margarina suavizada
1 cucharada de sazonador italiano

1. Retire el pescuezo y las menudencias de las cavidades del pavo. Enjuague el pavo; escúrralo bien y séquelo. Libere las piernas de la posición en la que vienen; no corte la piel. Con una espátula de goma o con la mano, afloje la piel de la pechuga, empezando por la cavidad del cuerpo, abriendo las piernas del pavo.

2. Mezcle 6 cucharadas de margarina y el sazonador italiano Esparza 2 cucharadas de la mezcla de hierbas dentro de la cavidad, y el resto, sobre la carne debajo de la piel. Sujete la piel de la abertura con palillos de madera. Regrese las piernas a su posición original; mueva hacia atrás las alas para que sostengan el cuello.

3. Coloque el pavo, con la pechuga hacia arriba, en una charola plana sobre un molde hondo, abierto. Inserte un termómetro para carnes en la parte más gruesa de la pierna cerca del cuerpo, sin tocar el hueso. Derrita la margarina restante; unte sobre la piel.

4. Rostice a 160 °C de 3½ a 3¾ horas. Cuando la piel esté dorada, tape la pechuga con papel de aluminio para prevenir que se dore demasiado. Verifique la cocción; la temperatura de la pierna debe ser de 81 a 84 °C. Transfiera el pavo a una tabla para picar y deje reposar de 15 a 20 minutos. Retire los palillos de madera antes de cortar.

Rinde 12 porciones

Derecha:
Pavo Rostizado con Hierbas

Pechugas de Pavo Glaseadas

1 pechuga de pavo con hueso (2.250 a 2.700 kg)
¼ de taza de jarabe de maple puro
2 cucharadas de mantequilla o margarina derretida
1 cucharada de bourbon (opcional)
2 cucharaditas de ralladura de cáscara de naranja
   Hojas de laurel frescas para adornar

1. Prepare la parrilla con una charola de aluminio. Ponga los carbones en cualquier lado de la charola de escurrimientos, para cocción indirecta.

2. Inserte el termómetro para carnes en el centro de la parte más gruesa de la pechuga, sin tocar el hueso. Coloque el pavo, con el hueso hacia abajo, en la parrilla para asar, o directamente en la parrilla, sobre el molde para escurrimientos. Ase, con la parrilla cubierta, sobre los carbones a temperatura media durante 55 minutos, agregando de 4 a 9 carbones a ambos lados después de 45 minutos para mantener la temperatura.

3. Mezcle el jarabe de maple, la mantequilla, el bourbon y la cáscara de naranja en un recipiente pequeño; unte la mitad de la mezcla sobre el pavo. Continúe asando en la parrilla cubierta durante 10 minutos. Unte la mezcla restante; siga asando, tapado, por unos 10 minutos o hasta que el termómetro registre 76 °C.

4. Coloque el pavo en una tabla para picar; cubra con papel de aluminio. Deje reposar por 10 minutos antes de cortar. Corte el pavo en rebanadas delgadas. Adorne, si lo desea.   *Rinde de 6 a 8 porciones*

Variante: Para un sabor a nogal ahumado, sumerja 2 tazas de pedazos de nogal en agua fría; después, escúrralos y póngalos encima de los carbones justo antes de colocar el pavo en la parrilla.

Consejo Rápido

Después de asar, la limpieza de la parrilla se facilita con utensilios como brochas de alambre y estropajos de fibra de alambre.

Derecha:
Pechugas de Pavo Glaseadas

Pavo con Salsa de Arándanos y Miel

1 naranja mediana
360 g de arándanos enteros frescos o congelados
¾ de taza de miel
1 kg de pechuga de pavo rebanada y cocida

Sin pelarla, rebane en cuartos la naranja y retire las semillas. Pique la naranja y los arándanos en trozos. Coloque todo en una cacerola mediana y agregue la miel. Deje hervir a fuego medio-alto. Cocine de 3 a 4 minutos; enfríe. Sirva sobre el pavo.

Rinde 8 porciones

Arriba:
Pavo con Salsa de Arándanos y Miel

Brochetas Italianas de Pavo

Tiempo de Preparación: *de 6 a 8 minutos*   **Tiempo de Cocción:** *de 15 a 20 minutos*

1 paquete (unos 450 g) de pechugas de pavo con tomate rojo, ajo deshidratado y queso romano condimentado
1 diente de ajo pelado y machacado
1 cucharadita de aceite de oliva
1 calabacita mediana en trocitos
2 pimientos morrones (1 rojo y 1 amarillo), sin semillas y en trozos
1 cebolla amarilla pelada y en trozos

Prepare la parrilla para exteriores o caliente el asador. Corte el pavo en trozos grandes. En un recipiente grande, mezcle el ajo y el aceite. Agregue la calabacita, los pimientos y la cebolla; revuelva bien. Deje reposar de 5 a 10 minutos, moviendo ocasionalmente.

Alternadamente, ensarte en las brochetas las piezas de pavo, la calabacita, los pimientos y la cebolla. Áselas en la parrilla, de 15 a 20 cm de la fuente de calor, de 15 a 20 minutos o hasta que el pavo esté bien cocido y las verduras estén crujientes y suaves, volteando a menudo.

Rinde 4 porciones

Pavo Relleno Rápido

Tiempo de Preparación: *15 minutos*   **Tiempo de Cocción:** *de 40 a 45 minutos*

   1 **pechuga de pavo (de unos 600 g) deshuesada y sin piel**
1 ¼ **cucharaditas de sazonador para aves**
   Sal y pimienta molida al gusto
   6 **cucharadas de mantequilla o margarina**
   ½ **taza de cebolla picada**
   1 **paquete (180 g) de mezcla para relleno de pavo o pollo**

Con un cuchillo afilado, haga una ranura en la parte lateral de la pechuga. Frote por todas partes con el sazonador, la sal y la pimienta. En una sartén antiadherente grande, a fuego medio, derrita 4 cucharadas de mantequilla. Agregue la cebolla y sofría de 2 a 3 minutos hasta que esté suave. Prepare la mezcla para relleno siguiendo las instrucciones del paquete, agregando la cebolla y la mezcla de mantequilla.

Caliente el horno a 180 °C. Rellene la pechuga y asegúrela con un palillo. Coloque el relleno restante en un molde para rostizar hondo y engrasado; ponga la pechuga encima y bañe con la mantequilla restante. Hornee de 35 a 45 minutos, hasta que el pavo esté un poco dorado y que, al insertar en la parte más gruesa el termómetro para carnes, éste registre 76 °C. Para servir, retire los palillos y rebane el pavo.

Rinde 4 porciones

Pescados y Mariscos

Antiguamente, sólo en ciertas ocasiones comíamos pescados y mariscos. Hoy ya es más común por su fácil preparación y por sus beneficios. Estas sencillas pero fantásticas recetas impresionarán a su familia y a sus invitados.

Derecha:
Bagre Ahumado
(receta en página
117)

Salmón Envuelto en Pergamino

Tiempo de Preparación y Cocción: *20 minutos*

2 filetes de salmón sin piel (120 a 180 g)
2 cucharadas de mantequilla o margarina derretida
1 cucharada de jugo de limón
1 cucharada de eneldo fresco picado
1 cucharada de chalotes picados
Sal y pimienta

1. Caliente el horno a 200 °C. Corte 2 piezas de papel pergamino en cuadros de 25 cm; dóblelos diagonalmente por la mitad y córtelos en forma de medio corazón. Abra el papel; coloque un filete en uno de los lados de cada corazón.

2. Mezcle la mantequilla y el jugo de limón en una taza pequeña; rocíe sobre el filete. Espolvoree con los chalotes, la sal y la pimienta al gusto.

3. Doble los corazones de papel por la mitad. Empezando por la parte superior del corazón, doble juntas las orillas, 5 cm a la vez. Doble encima la punta del corazón para cerrar.

4. Hornee el pescado por unos 10 minutos o hasta que el pergamino se infle. Para servir, corte una "X" sobre la superficie del papel, evitando el vapor caliente, y doble las puntas hacia atrás para mostrar el contenido.   *Rinde 2 porciones*

Consejo Audaz

Al cocinar pescados y mariscos, carne o pollo en papel pergamino o de aluminio, se requiere agregar líquido, porque el vapor que se produce al calentar el alimento crea un platillo húmedo y sabroso.

Derecha:
Salmón Envuelto en Pergamino

Pez Espada a la Parrilla

1 cucharada de jugo de lima
2 dientes de ajo picados
4 filetes de pez espada (de 150 g cada uno)
½ cucharadita de chile en polvo o pimienta negra
  Salsa de Piña (opcional, página 188)

1. Mezcle el jugo de lima y el ajo en un plato. Remoje los filetes en el jugo; espolvoree ambos lados con el chile en polvo.

2. Rocíe la parrilla fría con aceite en aerosol. Ajuste la parrilla de 10 a 15 cm de la fuente de calor. Caliente la parrilla a fuego medio-alto. Ase el pescado, tapado, de 2 a 3 minutos. Voltee; ase de 1 a 2 minutos o hasta que el centro esté opaco y húmedo. Cubra cada porción con 3 cucharadas de Salsa de Piña, si lo desea.

Rinde 4 porciones

Filetes de Pescado Asado

450 g de filetes de salmón o de otro tipo de pescado, de 2.5 cm de grosor
¼ de taza de salsa para carne
1 cucharada de margarina o mantequilla derretida
½ cucharadita de ajo en polvo

Rocíe hojas de papel de aluminio con aceite en aerosol; coloque ahí los filetes de pescado. En un recipiente pequeño, mezcle la salsa para carne, la margarina y el ajo en polvo; vierta sobre el pescado. Doble juntas las orillas del papel para sellar; con el doblez hacia arriba, colóquelos sobre la parrilla. Ase durante unos 10 minutos o hasta que el pescado se desprenda fácilmente cuando le inserte un tenedor. Con cuidado, retire de la parrilla. Sirva de inmediato.

Rinde 4 porciones

Consejo Audaz

El pescado se cuece fácilmente. Tenga cuidado de no cocerlo de más, pues se endurece y pierde sabor.

Derecha:
Pez Espada a la Parrilla

Cacerola de Pescado con Brócoli

1 paquete (285 g) de floretes de brócoli, descongelados y escurridos
1 taza de pescado blanco cocido, desmenuzado
1 lata (300 ml) de crema condensada de champiñones
½ taza de leche
¼ de cucharadita de sal
⅛ de cucharadita de pimienta negra recién molida
½ taza de papas fritas machacadas

Caliente el horno a 220 °C. Engrase una cacerola de 1½ litros. Ponga una capa de brócoli en la cacerola preparada. Mezcle el pescado, la crema, la leche, la sal y la pimienta en un recipiente grande.

Esparza la mezcla de pescado sobre el brócoli. Espolvoree con las papas fritas. Hornee de 12 a 15 minutos o hasta que esté dorado.   *Rinde 4 porciones*

Arriba:
Cacerola de
Pescado con Brócoli

Pescado Fresco Asado

1.350 a 1.500 kg de atún fresco o bagre
¾ de taza de aderezo para ensalada tipo Ranch
Pepinillos frescos picados
Rebanadas de limón (opcional)

Coloque el pescado en una charola pesada de aluminio. Cubra con el aderezo para ensalada. Ase a la parrilla, sobre el carbón a temperatura media-alta, de 20 a 30 minutos o hasta que el pescado se ponga opaco y se desmenuce fácilmente con un tenedor. O puede asarlo al carbón de 15 a 20 minutos. Vierta los pepinillos; adorne con rebanadas de limón, si lo desea.   *Rinde 6 porciones*

Bagre Ahumado

4 **filetes de bagre (de 120 g)**
3 **cucharaditas de jugo de limón**
  Aceite vegetal en aerosol
2 **cucharaditas de mezcla para ahumar o sazonador Cajún**
  Salsa Tártara Fácil (opcional, página 184)
  Arroz cocido caliente (opcional)

1. Enjuague el pescado bajo el chorro de agua fría; séquelo con toallas de papel. Bañe los filetes con 2 cucharadas de jugo de limón; rocíelo con aceite en aerosol. Sazone con los condimentos; vuelva a rociar con aceite en aerosol.

2. Caliente una sartén antiadherente grande a fuego medio alto. Agregue 2 filetes a la sartén, con los condimentos hacia abajo. Cocine durante 3 minutos. Reduzca el fuego a medio y cocine por 3 minutos más o hasta que el pescado pueda desmenuzarse con un tenedor. Retire de la sartén; manténgalos calientes. Repita la operación con los filetes restantes. Sirva con Salsa Tártara Fácil y arroz, si lo desea.

Rinde 4 *porciones.*

Consejo Audaz

La carne cruda de los filetes de pescado y las postas frescos debe estar húmeda, sin decoloración, con una piel brillante y elástica. Si el pescado desprende un olor fuerte, no está fresco.

Trucha Rellena con Menta y Naranja

2 truchas limpias* (de 450 a 550 g cada una)
½ cucharadita de sal de grano
1 naranja rebanada
1 taza de hojas de menta fresca
1 cebolla dulce rebanada

* *Una trucha lista para la sartén viene limpia por dentro, sin cabeza y sin cola.*

1. Enjuague la trucha bajo el chorro de agua fría; séquela con toallas de papel.

2. Sazone las cavidades de la trucha con sal; rellénelas con rebanadas de naranja y menta. Cubra cada pescado con rebanadas de cebolla.

3. Rocíe 2 hojas de papel de aluminio con aceite en aerosol. Coloque 1 pescado en cada hoja de papel y selle utilizando la técnica de envoltura de las farmacias.**

4. Coloque los paquetes, con los dobleces hacia abajo, directamente sobre el carbón a temperatura media-alta; ase, tapado, sobre la parrilla, de 20 a 25 minutos o hasta que la trucha se desmenuce fácilmente con un tenedor. Voltee una vez.

5. Abra con cuidado los paquetes, evitando el vapor caliente; retire el relleno de naranja, la menta y la piel de la trucha. Sirva inmediatamente.

Rinde 6 porciones

** *Coloque el alimento en el centro de una pieza rectangular de papel de aluminio resistente, dejando un margen de 5 cm por lo menos alrededor de la comida. Junte los lados largos encima del alimento; doble varias veces hacia abajo, asegurando los dobleces de manera que permitan la circulación del calor y la expansión. Doble los extremos cortos por encima dos veces. Presione firmemente los dobleces para sellar el paquete.*

Consejo Audaz

Para quitar las escamas y los fragmentos de espinas, con cuidado, enjuague por completo el pescado bajo el chorro de agua fría.

Derecha:
Trucha Rellena con Menta y Naranja

Pescado Criollo

Tiempo de Preparación: 5 *minutos*　　**Tiempo de Cocción:** 20 *minutos*

450 g de filetes de robalo o lenguado frescos o descongelados
1 bolsa (450 g) de mezcla de verduras congeladas como brócoli, ejotes
(judías verdes), cebollitas de cambray y pimientos morrones rojos
1 lata (450 g) de salsa de tomate rojo
1 cucharada de orégano seco o sazonador italiano
1 cucharada de aceite vegetal
1 ½ cucharaditas de sal

• Caliente el horno a 180 °C.

• Coloque el pescado en un molde para hornear de 33×23 cm. En un recipiente grande, mezcle las verduras, la salsa de tomate, el orégano, el aceite y la sal.

• Vierta la mezcla de verduras sobre el pescado.

• Hornee durante 20 minutos o hasta que el pescado se desmenuce fácilmente con un tenedor.

Rinde 4 porciones

Apetitoso Pescado Horneado

6 filetes (de 225 g) de bacalao, lenguado o cualquier otro pescado
fresco sin espinas
¾ de taza de aderezo tipo Ranch

Caliente el horno a 190 °C. Acomode los filetes en un recipiente grande para hornear, engrasado; esparza 2 cucharadas de aderezo en cada filete. Hornee el pescado de 10 a 12 minutos, dependiendo del grosor, o hasta que el pescado se desmenuce fácilmente con un tenedor. Termine de cocer bajo la parrilla para que se dore un poco. Sirva con verduras julianas, si lo desea.

Rinde 6 porciones

Consejo Audaz

Después de cocinar pescado, retire el olor de sus manos frotándolas con sal; luego, lávelas con agua fría.

Derecha:
Pescado Criollo

Pescado Frito Crujiente

1 ½ **tazas de harina de trigo**
3 ½ **cucharaditas de condimento para pescados y mariscos**
1 **huevo grande batido**
1 **taza de leche**
6 **filetes (de 120 g cada uno) de trucha o de su pescado favorito**
Aceite vegetal para freír

En un molde plano, mezcle la harina y 2 cucharadas de condimento para pescados y mariscos. En otro recipiente, mezcle muy bien los huevos y la leche. Sazone cada filete con ¼ de cucharadita del condimento para pescados. En una sartén grande, caliente .5 mm de aceite a fuego medio-alto. Mientras tanto, cubra cada filete con la harina sazonada; sacuda el exceso y bañe con la mezcla de leche; luego, justo antes de freír, cubra los filetes una vez más con harina; quite el exceso. Fría los filetes en aceite caliente hasta que estén dorados, de 1 a 2 minutos de cada lado. Escurra sobre toallas de papel y sirva inmediatamente en platos para mesa.   *Rinde 6 porciones*

Arriba:
Pescado Frito Crujiente

Filetes de Pescado con Limón

⅓ **de taza de salsa teriyaki para glasear**
¾ **de cucharadita de ralladura de cáscara de limón**
2 **cucharadas de jugo de limón**
¾ **de cucharadita de albahaca seca machacada**
1 **kg de filetes de pescado (hipogloso, lobina, pez espada o salmón)**

Mezcle la salsa teriyaki, la cáscara de limón, el jugo de limón y la albahaca. Coloque el pescado sobre una parrilla engrasada de 10 a 15 cm de distancia del carbón; unte generosamente con la mezcla de salsa. Cocine durante 4 minutos; voltéelos. Unte con la mezcla de salsa. Cocine por 4 minutos más; volteándolos de nuevo, o hasta que el pescado se desmenuce fácilmente con un tenedor; úntelo ocasionalmente con la mezcla de salsa.   *Rinde 4 porciones*

Huachinango a la Mostaza

½ **taza de mostaza Dijon**
1 **cucharada de vinagre de vino tinto**
1 **cucharadita de pimienta roja molida**
4 **filetes de huachinango (de 180 g cada uno)**
Ramitas frescas de perejil y granos de pimienta roja (opcional)

Rocíe la parrilla con aceite vegetal en aerosol. Prepare la parrilla para cocción directa.

Mezcle la mostaza, el vinagre y la pimienta roja en un recipiente pequeño; revuelva bien. Cubra el pescado homogéneamente con la mezcla de mostaza.

Coloque el pescado sobre la parrilla cubierta, a fuego medio alto, durante 8 minutos o hasta que el pescado se desmenuce fácilmente con un tenedor, volteando a la mitad del tiempo de cocción. Adorne con ramitas de perejil y granos de pimienta, si lo desea. *Rinde 4 porciones*

Abajo:
Huachinango a la Mostaza

Pescado Asado con Salsa de Pimienta

1 **taza de hojas de cilantro**
2 **cucharadas de mostaza Dijon**
2 **cucharaditas de vino blanco seco**
½ **cucharadita de granos de pimienta verde, enjuagados y escurridos**
4 **filetes de roughy anaranjado (de unos 180 g cada uno)**

1. Caliente la parrilla. Ponga la rejilla a 10 cm de la fuente de calor.

2. Mezcle todos los ingredientes, excepto el pescado, en el procesador o en la batidora; procese hasta que esté bien integrado.

3. Coloque el pescado en un molde hondo para hornear; cubra con la salsa.

4. Ase a la parrilla durante 10 minutos o hasta que el pescado se desmenuce fácilmente con un tenedor. *Rinde 4 porciones*

Lenguado con Zanahorias

450 g de zanahorias julianas (4 grandes)
2 cucharadas de perejil picado
1 cucharadita de aceite de oliva
$\frac{1}{8}$ de cucharadita de sal
$\frac{1}{8}$ de cucharadita de pimienta
4 filetes (de 120 a 150 g cada uno) de lenguado*
2 cucharaditas de mostaza Dijon en grano, molida grueso
2 cucharaditas de miel

* *O sustituya por otra clase de filetes de pescado, como tilapia, bacalao, bagre, hipogloso, perca, trucha o roughy anaranjado.*

En Horno de Microondas: Mezcle las zanahorias, el perejil, el aceite, la sal y la pimienta en un recipiente de 28×18 cm para microondas. Cubra con papel encerado. Hornee a temperatura ALTA durante 5 minutos, revolviendo una vez.

Doble los filetes por la mitad para hacerlos más gruesos. Colóquelos sobre las zanahorias, con las partes más gruesas hacia las esquinas del molde. Mezcle la mostaza y la miel; esparza sobre los filetes.

Cubra con papel encerado. Hornee en el microondas a temperatura ALTA durante 2 minutos. Gire los filetes, colocando las partes cocidas hacia el centro; continúe horneando de 1 a 3 minutos más o justo hasta que el pescado se desmenuce fácilmente con un tenedor. Deje reposar, tapado, por 2 minutos. Sirva el pescado y las zanahorias en platos calientes.   *Rinde 4 porciones*

Derecha:
Lenguado con Zanahorias

Salmón sobre Cama de Puerros

3 o 4 puerros (poros)
2 cucharaditas de mantequilla o margarina
½ taza de vino blanco seco o vermouth
2 filetes de salmón (de 180 a 225 g)
Sal y pimienta negra al gusto
2 cucharadas de queso gruyere rallado

Corte las raíces y 2.5 cm de la parte superior de los puerros; deséchelos. Corte los puerros a lo largo en cuartos, dejando 1.5 cm junto al extremo de la raíz. Separe las secciones y enjuague completamente bajo el chorro del agua fría; escurra bien. Separe al final de la raíz.

En una sartén de 25 cm, derrita la mantequilla a fuego medio. Agregue los puerros; cocine de 2 a 3 minutos, revolviendo con frecuencia, hasta que estén suaves. Agregue el vino; acomode el salmón sobre los puerros. Sazone con sal y pimienta. Reduzca el fuego a bajo. Tape; cocine durante 5 minutos. Espolvoree el queso sobre el salmón. Tape; cocine de 3 a 5 minutos más o hasta que el salmón esté firme y opaco alrededor de las orillas, y el queso esté derretido. Con una espátula, coloque en un plato caliente para mesa; sirva de inmediato.

Rinde 2 porciones

Consejo Audaz

El salmón contiene más grasa que la mayoría de los pescados, la cual está formada principalmente por ácidos grasos omega-3. Estos ácidos disminuyen el riesgo de ataque al corazón y otras enfermedades cardiacas.

Derecha:
Salmón sobre Cama de Puerros

Huachinango con Mantequilla de Lima y Jengibre

Tiempo de Preparación y Cocción: *18 minutos*

5 cucharadas de mantequilla, en trozos pequeños
1 cucharada de jugo de lima
3 dientes de ajo
2 cucharadas de jengibre molido
½ cucharadita de salsa picante
   Sal
   Pimienta negra
6 filetes de huachinango (de unos 675 g)

1. Caliente la parrilla.

2. Mezcle la mantequilla, el jugo de lima, el ajo, el jengibre, la salsa picante, la sal y la pimienta al gusto en un procesador; procese hasta que se forme una pasta suave.

3. Ase a la parrilla de 10 a 12 cm del fuego durante 5 minutos. Voltee los filetes y ase por 4 minutos más.

4. Coloque 1 cucharada de la mezcla de mantequilla sobre cada filete; ase durante 45 segundos. Sirva inmediatamente.   *Rinde 6 porciones*

Consejo: Puede sustituir el huachinango con hipogloso o pez espada.

Pescado al Vapor Shangai

1 corvina entera limpia, huachinango, carpa, o mero (de unos 675 g)
¼ de taza de salsa teriyaki
2 cucharaditas de jengibre fresco rallado
2 cebollines en trozos de 10 cm
1 cucharadita de aceite oscuro de ajonjolí (opcional)
Tiras de pimiento (opcional)
Cebollines (opcional)

1. Sazone el interior de la cavidad del pescado con la salsa teriyaki y el jengibre. Coloque los cebollines en la cavidad en una sola capa.

2. Ponga la vaporera en un wok. Vierta suficiente agua sobre el wok para que el agua evapore justamente sobre la vaporera. Deje hervir el agua. Tape y deje que el pescado se cueza al vapor durante 10 minutos por cada 2.5 cm de grosor. El pescado estará listo cuando se desmenuce fácilmente con un tenedor.

3. Con cuidado retire el pescado; deseche los cebollines. Corte el pescado en 4 porciones de buen tamaño. Bañe con el aceite de ajonjolí, si lo desea. Adorne con tiras de pimiento y tiras de cebollín, si lo desea.   *Rinde 4 porciones*

Consejo para Servir

Actualmente los cocineros están sirviendo más pescado que nunca, ya que es muy versátil, delicioso, nutritivo . . . , y se cocina fácilmente.

Derecha:
Pescado al Vapor Shangai

Trucha Frita con Piñones

2 cucharadas de aceite
4 filetes de trucha (de unas 180 g cada uno)
½ taza de pan molido sazonado
½ taza de piñones

1. Caliente el aceite en una sartén grande a fuego medio. Cubra el pescado ligeramente con pan molido. Ponga en la sartén.

2. Cocine durante 8 minutos o hasta que el pescado se desmenuce fácilmente con un tenedor, volteando después de 5 minutos. Retire el pescado de la sartén. Coloque en un plato para mesa; mantenga caliente.

3. Ponga los piñones en la sartén. Cocine por 3 minutos o hasta que estén ligeramente tostados. Espolvoréelos sobre el pescado. *Rinde 4 porciones*

Arriba:
Trucha Frita con Piñones

Saquitos de Huachinango con Jengibre y Limón

4 filetes de huachinango o hipogloso (de unos 150 g cada uno)
8 cucharadas de pimiento morrón rojo finamente picado
4 cucharadas de margarina
8 cucharaditas de jugo de limón
2 cucharaditas de jengibre fresco *o* ½ cucharadita de jengibre molido

Caliente el horno a 200 °C. Sobre cuatro piezas de papel de aluminio grueso de 30×45 cm, coloque 1 filete con la piel hacia abajo; luego agregue 2 cucharadas de pimiento encima de cada uno. Sazónelos con sal y pimienta. Cubra homogéneamente con 4 cucharadas de mantequilla; esparza el jugo de limón y el jengibre. Doble el papel, sellando con un doblez doble.

En una charola grande para hornear, acomode los saquitos. Hornee durante 25 minutos o hasta que el pescado se desmenuce con facilidad con un tenedor. *Rinde 4 porciones*

Salmón Rápido y Fácil

Tiempo de Preparación: 5 *minutos*   **Tiempo de Cocción:** 15 *minutos*

420 ml de caldo de pollo (1¾ tazas)
¼ de taza de Chablis u otro vino blanco seco
¼ de cucharadita de eneldo seco machacado
4 rebanadas delgadas de limón
4 filetes de salmón, de 2.5 cm de grosor (unos 675 g)

1. En una sartén mediana, revuelva el caldo de pollo, el vino, el eneldo y el limón. A fuego medio-alto, caliente hasta que hierva.

2. Coloque el pescado en la mezcla de caldo de pollo. Reduzca el fuego a bajo. Tape y cocine durante 10 minutos o hasta que el pescado se desmenuce fácilmente con un tenedor. Deseche el líquido de la cocción.   *Rinde 4 porciones*

Pez Espada a la Parrilla

1 taza de arroz sin cocer
4 filetes de pez espada (de 2.5 cm de grueso), de unos 120 g cada uno
3 cucharadas de sazonador caribeño
1 lata (225 g) de trocitos de piña en almíbar, escurridos
⅓ de taza de nueces de macadamia picadas
1 cucharada de miel

1. Cueza el arroz siguiendo las instrucciones del paquete.

2. Durante los últimos 10 minutos de cocción, cubra ambos lados de los filetes de pescado con el sazonador caribeño. Rocíe ligeramente la rejilla caliente de la parrilla con aceite en aerosol. Ase los filetes con carbón a temperatura media de 10 a 12 minutos o hasta que el pescado se desmenuce fácilmente con un tenedor, volteando después de 5 minutos.

3. Revuelva la piña, las nueces y la miel con el arroz cocido caliente. Sirva con el pescado.   *Rinde 4 porciones*

Abajo:
Salmón Rápido y Fácil

Consejo Audaz

Para un sabor a nuez más intenso, coloque las nueces en una sartén pequeña y tuéstelas a fuego medio-alto hasta que estén ligeramente doradas.

Pasta con Salsa de Atún

Tiempo de Preparación: 5 *minutos*   **Tiempo de Cocción:** 20 *minutos*

3 tazas de moños de pasta sin cocer
1 caja (270 g) de ejotes (judías verdes) italianos congelados
1 frasco (435 g) de salsa para espagueti
1 lata (180 g) de atún en agua, escurrido
Perejil italiano picado (opcional)

• Cocine la pasta siguiendo las instrucciones del paquete; escurra.

• Cueza las verduras de acuerdo con las instrucciones del paquete; escurra.

• Mezcle la pasta, los ejotes, la salsa, el atún y el perejil. Cocine y revuelva a fuego medio-alto durante 5 minutos o hasta que esté bien caliente.

Rinde unas 2 porciones

Brochetas Jamaiquinas de Camarón y Piña

½ **taza de salsa para tasajo**
¼ **de taza de mermelada de piña**
2 **cucharadas de cebollines frescos picados**
450 g **de camarones grandes, pelados y desvenados**
½ **piña mediana, pelada, sin corazón y cortada en cuadritos de 2.5 cm**
2 **pimientos grandes, rojos, verdes o amarillos, en cuadritos de 2.5 cm**

1. Mezcle la salsa, la mermelada y los cebollines: revuelva bien. Ensarte el camarón, la piña y los pimientos en 4 brochetas; unte con la mezcla de salsa.

2. Ase las brochetas con los carbones a fuego medio-alto de 6 a 10 minutos o hasta que los camarones se tornen rosados y opacos, volteando una vez. Sirva con la salsa restante. Sirva las brochetas con arroz cocido caliente, si lo desea.

Rinde 4 porciones

Derecha:
Brochetas Jamaiquinas de Camarón y Piña

Vieiras con Tomate y Albahaca

Tiempo de Preparación: 10 *minutos*   **Tiempo de Cocción:** 5 *minutos*

8 o 12 vieiras de mar, cortadas transversalmente por la mitad si son
   grandes
   Sal y pimienta negra molida fresca, al gusto
3 cucharadas de margarina
2 tomates rojos, pelados, con semillas y picados
2 cucharadas de albahaca fresca o 2 cucharaditas de albahaca seca

1. Seque las vieiras con toallas de papel; sazone con sal y pimienta.

2. Caliente 2 cucharadas de margarina en una sartén antiadherente a fuego medio-alto.

3. Acomode la mitad de las vieiras en una capa en la sartén; cocine de 1 a 2 minutos de cada lado o hasta que estén opacas. Transfiera las vieiras a una fuente; manténgalas calientes. Repita con las vieiras restantes; páselas a la fuente.

4. Derrita la margarina restante en la misma sartén, a fuego medio-alto.

5. Agregue los tomates y la albahaca; caliente bien.

6. Vierta la mezcla de tomate sobre las vieiras; sirva inmediatamente.

Rinde 2 porciones

Consejo Audaz

Compre vieiras que tengan una apariencia fresca y una superficie húmeda. Las vieiras frescas tienen un olor dulce; evite las que tengan un intenso olor sulfuroso.

Derecha:
Vieiras con Tomate y Albahaca

Abajo:
Risotto de Mariscos

Risotto de Mariscos

Tiempo de Preparación: 5 *minutos*   **Tiempo de Cocción:** 15 *minutos*

1 paquete (155 g) de arroz en salsa cremosa
1 paquete (420 a 450 g) de camarón cocido congelado
1 caja (285 g) de verduras mixtas congeladas
2 cucharaditas de queso parmesano rallado

• En una cacerola de 4 litros, prepare el arroz siguiendo las instrucciones del paquete. Agregue el camarón congelado y las verduras durante los últimos 10 minutos de cocción.

• Espolvoree el queso. Sirva caliente. *Rinde 4 porciones*

Pasta con Camarón y Salsa Picante

360 g de pluma de pasta sin cocer
1 taza de caldo de pollo o de verduras, desgrasado
1 taza de salsa roja picante
1 taza de tomates rojos enlatados escurridos
360 g de camarón mediano crudo, pelado y desvenado
Ramitas de perejil fresco (opcional)

Cueza la pasta; escúrrala y manténgala caliente.

Mientras tanto, mezcle el caldo, la salsa y los tomates en una cacerola de 1 litro. Deje hervir a fuego medio-alto. Reduzca el fuego a medio; caliente durante unos 5 minutos. Permita que se enfríe un poco.

Vierta la mezcla de caldo en el procesador o en la licuadora; procese hasta que esté suave. Regrese a la sartén y vuelva a dejar sazonando. Agregue el camarón; hierva durante 2 minutos más o justo hasta que el camarón se torne rosado y opaco. No cueza de más. Para servir, divida la pasta entre 4 platos calientes para mesa. Cubra cada porción con la salsa, y reparta equitativamente los camarones en cada plato. Adorne con perejil, si lo desea. *Rinde 4 porciones*

Derecha:
*Pasta con
Camarón y Salsa
Picante*

Cangrejos Maryland al Vapor

470 ml de agua o cerveza
470 ml de vinagre de manzana o blanco
2 docenas de cangrejos azules vivos
225 g de sazonador para mariscos
225 g de sal

1. Coloque el agua y el vinagre en una olla de 38 litros. Coloque una rejilla en el fondo de la olla. Ponga la mitad de los cangrejos sobre la rejilla. Mezcle el sazonador de mariscos con la sal y espolvoree sobre los cangrejos.

2. Siga formando capas con los cangrejos restantes y la mezcla.

3. Tape la olla. Caliente a temperatura alta hasta que el líquido empiece a evaporar. Deje evaporar durante 25 minutos o hasta que los cangrejos se tornen rojos y la carne se vea blanca. Retire los cangrejos y póngalos en un platón.

4. Cubra la mesa con un mantel de papel.

5. Para abrir los cangrejos, colóquelos sobre su parte posterior. Con el pulgar o con la punta de un cuchillo, arranque la placa (la concha del centro que parece tapa) y deséchela.

6. Desprenda la concha superior y deséchela.

7. Rompa las tenazas y déjelas a un lado. Con la punta de un cuchillo, raspe las 3 áreas de los pulmones y los restos de la membrana dura y semitransparente que cubre la carne comestible.

8. Sostenga el cangrejo por los lados y rómpalo en el centro. Deseche las patas. Retire las membranas con un cuchillo para exponer la carne; quítelas con los dedos o con un cuchillo.

9. Rompa las tenazas con el mango del cuchillo o con un mazo para carne.

Rinde 4 porciones

Derecha:
*Cangrejos
Maryland al Vapor*

De Un Tiempo

Derecha:
Tallarines Asiáticos con Pollo (receta en página 146)

Ahorre tiempo y gane admiradores con estas maravillas alimenticias. Cree deliciosas sopas que todos disfrutarán o reúnalos en torno de un sabroso platillo a la sartén o a la cacerola. ¡Estos platillos se convierten en sonrisas!

Horneado de Papa y Carne Molida

Tiempo de Preparación: *10 minutos*   **Tiempo de Cocción:** *20 minutos*

450 g de carne molida de res
1 lata (300 ml) de crema condensada de champiñones
1 cucharada de salsa inglesa
1 bolsa (450 g) de verduras combinadas (brócoli, coliflor, zanahorias), descongeladas
3 tazas de papas machacadas y calientes

1. En una sartén mediana, a fuego medio-alto, cueza la carne hasta que dore, revolviendo para separarla. Escurra la grasa.

2. En un recipiente hondo para hornear de 2 litros, revuelva ½ lata de crema, la salsa inglesa y las verduras.

3. Combine la crema restante con las papas. Sirva la mezcla de papa sobre la carne. Hornee a 200 °C durante 20 minutos o hasta que esté bien caliente.

Rinde 4 porciones

Fácil Crema con Jamón y Verduras

Tiempo de Preparación: *7 minutos*

2 latas (de 435 g cada una) de verduras mixtas con su líquido
1 lata (300 ml) de crema de papa
1 taza de jamón cocido, en cuadritos
½ cucharadita de albahaca seca
¼ de cucharadita de pimienta negra

En una sartén mediana, mezcle las verduras, la crema, el jamón, la albahaca y la pimienta. Deje en el fuego hasta que esté bien caliente; sirva.

Rinde de 4 a 6 porciones

Derecha:
*Horneado de Papa
y Carne Molida*

Pollo Cajún

2 tazas de agua
1 lata (285 g) de tomates rojos en cuadritos y chiles verdes, sin escurrir
1 caja de frijoles bayos y arroz
2 pechugas de pollo, deshuesadas y sin piel (unos 225 g)

1. En una sartén grande, mezcle el agua, los tomates, los frijoles, el arroz y el contenido de condimento del paquete; revuelva bien.

2. Agregue el pollo. Deje hervir; tape; reduzca el fuego y hierva durante 20 minutos o hasta que el pollo ya no esté rosado en el centro.

Rinde 2 porciones

Arriba:
Pollo Cajún

Consejo para Servir

Para un platillo más condimentado, agregue salsa picante justo antes de servir.

Tallarines Asiáticos con Pollo

Tiempo de Preparación: 5 *minutos*   **Tiempo de Cocción:** 20 *minutos*

1 paquete (90 g) de tallarines instantáneos con pollo
1 bolsa (450 g) de mezcla congelada de brócoli, zanahorias y castañas de agua*
1 cucharada de aceite vegetal
450 g de pechugas de pollo, deshuesadas y sin piel, en tiras delgadas
¼ de taza de salsa para freír

*O puede sustituir por 1 bolsa (450 g) de floretes de brócoli.

• Reserve el condimento de los tallarines.

• Deje hervir 2 tazas de agua en una sartén grande. Agregue los tallarines y las verduras. Cocine durante 3 minutos, revolviendo ocasionalmente; escurra.

• Mientras tanto, caliente el aceite en una sartén antiadherente grande a fuego medio-alto. Agregue el pollo; cocine y revuelva hasta que doren, durante unos 8 minutos.

• Añada los tallarines, las verduras, la salsa para freír y el condimento que reservó; caliente bien.

Rinde unas 4 porciones

Rápida Sopa de Verduras

Tiempo de Preparación: 10 *minutos*   **Tiempo de Cocción:** 20 *minutos*

2 latas (de 420 g cada una) de caldo de verduras
¹/₂ cucharadita de albahaca seca machacada
¹/₄ de cucharadita de ajo en polvo
1 lata (uno 420 g) de tomates rojos enteros, pelados y cortados
1 paquete (unos 180 g) de verduras mixtas congeladas (unas 2 tazas)
1 taza de espirales de pasta sin cocer

En una cacerola mediana, revuelva el caldo, la albahaca, el ajo en polvo, los tomates y las verduras. A fuego medio-alto, caliente hasta hervir. Agregue la pasta. Reduzca el fuego a medio. Cocine durante 15 minutos o hasta que la pasta esté lista, revolviendo ocasionalmente.   *Rinde 6 porciones*

Stroganoff con Queso

Tiempo de Preparación: 10 *minutos*   **Tiempo de Cocción:** 20 *minutos*

450 g de carne molida de res
2 tazas de agua
3 tazas (450 g) de tallarines con huevo medianos, sin cocer
340 g de queso crema pasteurizado, cortado
1 lata (300 ml) de crema condensada de champiñones
¹/₄ de cucharadita de pimienta negra

1. Dore la carne en una sartén grande; escurra.

2. Agregue el agua. Deje hervir. Añada los tallarines. Reduzca el fuego a medio-bajo; tape. Sazone durante 8 minutos o hasta que los tallarines estén suaves.

3. Incorpore el queso, la crema y la pimienta; mueva hasta que el queso se derrita.   *Rinde de 4 a 6 porciones*

Abajo:
Stroganoff con Queso

Pollo al Curry con Couscous

Tiempo de Preparación: 5 *minutos* **Tiempo de Cocción:** 15 *minutos*

> 1 paquete (180 g) de mezcla de couscous sabor curry
> 1 cucharada de mantequilla o margarina
> 450 g de pechugas de pollo, sin piel, deshuesadas y cortadas en tiras
> 1 ½ tazas de mezcla de verduras frescas congeladas, como brócoli, coliflor
> y pimiento morrón rojo
> 1 ⅓ tazas de agua
> ½ taza de uvas pasa

- Retire el paquete de condimentos de la mezcla de couscous.

- En una sartén grande, derrita la mantequilla a fuego medio-alto. Agregue el pollo; cocine hasta que dore por todas partes.

- Añada las verduras, el agua, las uvas pasa y el condimento del paquete; deje hervir. Reduzca el fuego a medio-bajo; tape y sazone durante 5 minutos o hasta que el pollo ya no esté rosado en el centro.

- Incorpore el couscous; tape. Retire del fuego; deje reposar por 5 minutos. Revuelva antes de servir.

Rinde 4 porciones

Consejo Audaz

Para agregar sabor a las pechugas de pollo, sólo frótelas con jugo de limón antes de cocinar.

Crema de Almeja

Tiempo de Preparación: 1 *minuto* **Tiempo de Cocción:** 10 *a* 12 *minutos*

> 1 bolsa (450 g) de cebollas enteras pequeñas, congeladas
> 1 lata (400 ml) de caldo de verduras
> 2 latas (de 300 ml cada una) de crema de almeja

- En una sartén grande, coloque las cebollas y el caldo; deje hervir a fuego alto. Reduzca el fuego a medio; tape y sazone de 7 a 10 minutos o hasta que las cebollas estén suaves.

- Agregue la crema de almejas; cocine hasta que esté bien caliente.

Rinde 4 porciones

Derecha:
Pollo al Curry con Couscous

Brócoli, Pollo y Arroz a la Cacerola

1 caja de arroz con brócoli al gratín
2 tazas de agua hirviente
4 pechugas de pollo, deshuesadas y sin piel (unos 450 g)
¼ de cucharadita de ajo en polvo
2 tazas de brócoli congelado
1 taza (120 g) de queso cheddar bajo en grasa, desmoronado

1. Caliente el horno a 220 °C. En un recipiente para hornear de 33×23 cm, mezcle el arroz y el contenido de condimentos del paquete. Agregue el agua hirviente; revuelva bien. Añada el pollo; espolvoree con el ajo en polvo. Tape y hornee durante 30 minutos.

2. Incorpore el brócoli y el queso; siga horneando, tapado, de 8 a 10 minutos o hasta que el pollo ya no esté rosado en el centro.   *Rinde 4 porciones*

Filete de Res Glaseado

1 cucharada de cebolla en polvo
1 frasco (360 g) de mermelada de durazno (melocotón) o chabacano (albaricoque)
½ taza de agua
1 filete de res (de unos 900 g) cortado en tiras
2 pimientos morrones medianos, rojos y/o amarillos, rebanados
Arroz cocido caliente

1. En un recipiente pequeño, revuelva la cebolla, la mermelada y el agua.

2. Acomode las tiras de filete y los pimientos sobre una capa de papel de aluminio grueso o en el fondo de la charola de la parrilla; cubra con la mezcla de sopa.

3. Ase a la parrilla, volteando las tiras y las verduras una vez, hasta que la carne esté lista. Sirva sobre el arroz caliente.   *Rinde 8 porciones*

Derecha:
*Brócoli, Pollo y
Arroz a la Cacerola*

Sabrosa Sopa Minestrone

Tiempo de Preparación: 10 *minutos*   **Tiempo de Cocción:** 5 *minutos*

2 latas (300 ml cada una) de sopa condensada de tomate rojo
3 tazas de agua
3 tazas de verduras cocidas, como calabacita, chícharos (guisantes),
  elote o frijoles
2 tazas de pasta ditalini cocida
1 ⅓ tazas de cebollas fritas a la francesa

Mezcle la sopa y el agua en una cacerola grande. Agregue las verduras y la pasta. Deje hervir. Reduzca el fuego. Cocine hasta que esté bien caliente, revolviendo frecuentemente.

Coloque las cebollas fritas en un recipiente para microondas. Hornee en el microondas a temperatura ALTA durante 1 minuto o hasta que las cebollas estén doradas.

Sirva la sopa en platos individuales. Espolvoree con las cebollas fritas.

Rinde 6 porciones

Abajo:
*Plato de Pollo y
Arroz Horneados*

Plato de Pollo y Arroz Horneados

1 lata (300 ml) de crema condensada de champiñones
1 taza de agua
¾ de taza de arroz regular sin cocer
¼ de cucharadita de pimentón
¼ de cucharadita de pimienta
4 pechugas de pollo a la mitad, sin hueso (unos 450 g)

1. En un recipiente para hornear, mezcle la crema, el agua, el arroz, el pimentón y la pimienta. Coloque encima el pollo. Sazone con más pimienta y pimentón.

2. Hornee a 190 °C por 45 minutos o hasta que el pollo ya no esté rosado y el arroz esté suave.

Rinde 4 porciones

Derecha:
*Sabrosa Sopa
Minestrone*

Arroz con Verduras, Pollo y Queso en 15 Minutos

1 cucharada de aceite
4 mitades de pechugas de pollo deshuesadas y sin piel (unos 450 g)
420 ml de consomé de pollo o 1¾ tazas de agua
2 tazas de arroz blanco instantáneo, sin cocer
1 paquete (450 g) de mezcla de verduras (como brócoli, coliflor y zanahorias), descongeladas y escurridas
340 g de queso crema pasteurizado, en trozos

1. Caliente el aceite en una sartén grande antiadherente a fuego medio-alto. Agregue el pollo; tape. Cocine durante 4 minutos de cada lado o hasta que esté bien cocido. Retire el pollo de la sartén.

2. Agregue el consomé a la sartén. Deje hervir.

3. Añada el arroz, las verduras y el queso. Cubra con el pollo; tape. Cocine a fuego bajo durante 5 minutos. Revuelva hasta que el queso esté derretido.

Rinde 4 porciones

Guisado Picante

1 caja (285 g) de elote dulce congelado
2 latas (de 435 g cada una) de chiles
1 lata (400 g) de tomates rojos guisados
Chile en polvo

• En una sartén grande, cocine el elote de acuerdo con las instrucciones del paquete; escurra.

• Agregue el chile y los tomates; cocine hasta que estén bien calientes.

• Añada el chile en polvo al gusto.

Rinde 4 porciones

Gumbo de Pollo

Tiempo de Preparación: 5 *minutos*   **Tiempo de Cocción:** 20 *minutos*

3 cucharadas de aceite vegetal
450 g de pechugas de pollo, deshuesadas y sin piel, en piezas de 2.5 cm
225 g de salchichas ahumadas, en rebanadas de 2 cm
1 bolsa (450 g) de mezcla de verduras frescas, como brócoli, elote y pimiento morrón rojo
1 lata (420 g) de tomates rojos guisados
1 ½ tazas de agua

• Caliente el aceite en una sartén grande a fuego alto. Agregue el pollo y las salchichas; cocine hasta que estén doradas, durante unos 8 minutos.

• Añada las verduras, los tomates y el agua; deje hervir. Reduzca el fuego a medio. Tape y cocine por 3 minutos más.
Rinde de 4 a 6 porciones

Pollo con Queso a la Italiana

Tiempo de Preparación: 5 *minutos*   **Tiempo de Cocción:** 20 *minutos*

4 pechugas de pollo en mitades, deshuesadas y sin piel (unos 500 g)
1 lata (435 g) de salsa de tomate rojo espesa para espagueti, estilo italiano (unos 435 g)
225 g de queso crema pasteurizado, en trozos.
Pasta cocida caliente

1. Rocíe una sartén grande con aceite antiadherente. Agregue el pollo; dore a fuego medio-alto de 1 a 2 minutos de cada lado. Reduzca el fuego a bajo.

2. Agregue la salsa de tomate; tape. Hierva de 12 a 15 minutos o hasta que el pollo esté bien cocido.

3. Añada el queso; tape. Cocine a fuego bajo hasta que el queso se derrita. Sirva sobre la pasta.
Rinde 4 porciones

Derecha:
Gumbo de Pollo

Arriba:
Verduras Asadas
con Arroz Integral

Verduras Asadas con Arroz Integral

1 **calabacita mediana**
1 **pimiento morrón rojo o amarillo, cortado en cuartos**
1 **cebolla pequeña, cortada transversalmente en rebanadas de 2.5 cm de ancho**
¾ **de taza de aderezo italiano**
4 **tazas de arroz integral cocido y caliente**

1. Corte la calabacita en tercios a lo largo. Coloque todas las verduras en una bolsa de plástico para alimentos; agregue el aderezo. Cierre la bolsa; refrigere durante varias horas o por toda la noche.

2. Retire las verduras de la marinada y conserve ésta. Coloque los pimientos y la cebolla sobre la parrilla con carbones a temperatura media; unte con la marinada. Ase a la parrilla durante 5 minutos. Voltee las verduras; agregue la calabacita. Barnice con la marinada. Continúe asando hasta que las verduras estén crujientes y suaves, por unos 5 minutos, volteando las calabacitas después de 3 minutos.

3. Retire las verduras de la parrilla; córtelas en trozos. Incorpore el arroz caliente; revuelva bien. Sazone con sal y pimienta negra, si lo desea.

Rinde de 6 a 8 porciones

Consejo: La forma más sencilla de asar verduras consiste en cortarlas en piezas largas, cubrirlas con aderezo para ensaladas o aceite, y colocarlas directamente sobre la parrilla o en paquetes de aluminio bien envueltos.

Fetuccine con Camarones y Espárragos

Tiempo de Preparación: 5 *minutos*   **Tiempo de Cocción:** 20 *minutos*

360 g de fettucine sin cocer
1 caja (285 g) de espárragos congelados, en trozos*
1 cucharada de aceite vegetal
1 paquete (450 g) de camarón tamaño cóctel, sin cocer, congelado
1 frasco (360 g) de salsa Alfredo
1 frasco (120 g) de pimientos morrones rebanados, escurridos

*O sustituya por 1 ½ tazas de chícharos (guisantes) o brócoli congelados, en trozos.

• Cueza la pasta siguiendo las instrucciones del paquete, agregando los espárragos al agua 8 minutos antes de que la pasta esté lista. Escurra; mantenga caliente.

• Mientras tanto, caliente el aceite en una sartén grande a fuego medio-alto. Agregue el camarón; tape y cocine durante 3 minutos o hasta que el camarón se torne rosado. Escurra el exceso de líquido, dejando el camarón y unas 2 cucharadas del líquido en la sartén. Reduzca el fuego a bajo. Añada la salsa Alfredo y el pimiento. Tape; cocine por 5 minutos. No deje hervir.

• Cubra el fettuccine y los espárragos con la mezcla de camarón.

Rinde unas 4 porciones

Abajo:
Fettuccine con Camarones y Espárragos

Fajitas de Filete y Pimiento

Tiempo de Preparación: 10 *minutos*   **Tiempo de Cocción:** *de 5 a 7 minutos*

> 1 paquete (40 g) de marinada para fajitas
> 450 g de filete de res sin hueso,* cortado en tiras delgadas
> 1 bolsa (450 g) de mezcla de pimiento y verduras para freír
> 8 tortillas de harina (de 15 a 18 cm) calientes
> ½ taza de salsa

*O sustituya por 450 g de pollo sin hueso y sin piel, en tiras.

• Prepare la marinada para fajitas siguiendo las instrucciones del paquete.

• Agregue el filete y las verduras. Deje reposar durante 10 minutos.

• Caliente una sartén grande a fuego medio-alto. Retire los filetes y las verduras de la marinada con una cuchara con orificios y colóquelos en la sartén.

• Añada la marinada, si lo desea. Cocine durante 5 minutos o hasta que los filetes tengan el término deseado y la mezcla esté bien caliente, revolviendo ocasionalmente.

• Envuelva la mezcla en las tortillas. Cubra con salsa.   *Rinde 4 porciones*

Idea: Las verduras no tienen que estar frescas para ser nutritivas. Agregue brócoli cocido o espinaca sobre una pizza congelada.

Derecha:
Fajitas de Filete y Pimiento

Cacerola 1-2-3 de Brócoli con Cheddar

Tiempo de Preparación: 5 *minutos*   **Tiempo de Cocción:** 20 *minutos*

1 frasco (450 g) de salsa de queso doble cheddar
2 cajas (de 285 g cada una) de floretes de brócoli descongelados
¼ de taza de pan molido sazonado a la italiana o simple
1 cucharada de margarina o mantequilla derretida

1. Caliente el horno a 180 °C. En una cacerola de 1½ litros, mezcle la salsa de queso y el brócoli.

2. Cubra homogéneamente con el pan molido mezclado con la margarina.

3. Hornee, sin tapar, durante 20 minutos o hasta que el pan molido esté dorado y el brócoli esté suave.

Rinde 6 porciones

Platillo en Un Tiempo

2 bolsas de arroz
1 taza de jamón de pavo cocido, en cuadritos
1 taza (120 g) de queso cheddar desmoronado bajo en calorías
1 taza de chícharos (guisantes)

Prepare el arroz siguiendo las instrucciones del paquete.

Rocíe con aceite en aerosol un recipiente de 1 litro para microondas. Coloque el arroz en un recipiente mediano. Agregue el jamón de pavo, el queso y los chícharos; revuelva ligeramente. Vierta en el recipiente preparado; haga una capa uniforme con la cuchara. Hornee en el microondas a temperatura ALTA durante 1 minuto; revuelva. Hornee por 30 segundos más o hasta que esté bien caliente.

Rinde 4 porciones

Instrucciones Convencionales: Acomode los alimentos como se indica. Sirva en un recipiente de 1 litro para hornear, rociado con aceite en aerosol. Hornee a 180 °C hasta que esté bien caliente, de 15 a 20 minutos.

Derecha:
Cacerola 1-2-3 de Brócoli con Cheddar

Arriba:
*Sopa de Papa
y Tocino*

**Consejo
Audaz**

*Para picar
fácil y
rápidamente
el tocino,
córtelo con
tijeras cuando
aún está
parcialmente
congelado.*

Sopa de Papa y Tocino
Tiempo de Preparación y Cocción: *27 minutos*

400 ml de consomé de pollo
3 papas (patatas) russet (800 a 900 g) peladas, en cuadritos de 1.5 cm de ancho
1 cebolla mediana finamente picada
1 cucharadita de tomillo seco
4 a 6 tiras de tocino (120 a 180 g) picadas
½ taza (60 g) de queso cheddar desmoronado

1. Mezcle el consomé, las papas, la cebolla y el tomillo en una olla pesada; ponga a hervir a fuego alto. Reduzca el fuego a medio-alto y deje hervir durante 10 minutos o hasta que las papas estén suaves.

2. Mientras se cuecen las papas, coloque el tocino en un recipiente para microondas. Cubra con toallas de papel y cocine a temperatura ALTA de 6 a 7 minutos o hasta que el tocino esté crujiente, revolviendo después de 3 minutos. Desmorone el tocino.

3. Inmediatamente, transfiera el tocino a la mezcla de consomé; cueza de 3 a 5 minutos. Sazone al gusto con sal y pimienta. Sirva en platos hondos y espolvoree con queso.

Rinde 4 porciones

Fácil Cacciatore de Pollo y Ravioles
Tiempo de Preparación: *5 minutos*   **Tiempo de Cocción:** *10 minutos*

1 paquete (250 g) de ravioles con queso light
2 pechugas de pollo, deshuesadas y sin piel, en mitades, cortadas en tiras
1 pimiento morrón verde grande, finamente picado
1 paquete (435 g) de salsa marinara

PREPARE la pasta siguiendo las instrucciones del paquete.

MIENTRAS TANTO, rocíe una sartén grande con aceite en aerosol. Agregue el pollo; cocine y revuelva a fuego medio-alto hasta que esté bien caliente. Añada el pimiento morrón; cocine y revuelva durante 1 minuto.

AÑADA la salsa; cocine a fuego bajo por 1 minuto o hasta que esté caliente. Cubra con la pasta. Espolvoree con queso parmesano rallado, si lo desea.

Rinde 4 porciones

Ruedas de Carreta del Oeste

Tiempo de Preparación: 5 *minutos*   **Tiempo de Cocción:** 25 *minutos*

450 g de carne molida de res o de pavo
2 tazas de ruedas de pasta sin cocer
1 lata (420 g) de tomates rojos guisados
1 ½ tazas de agua
1 caja (285 g) de granos de elote congelados
½ taza de salsa barbecue
Sal y pimienta al gusto

• En una sartén grande, cocine la carne a fuego medio-alto durante 5 minutos o hasta que esté bien dorada.

• Agregue la pasta, los tomates; el agua, el elote y la salsa; tape y deje hervir.

• Reduzca el fuego a bajo; tape y deje sazonar de 15 a 20 minutos o hasta que la pasta esté suave, revolviendo ocasionalmente. Sazone con sal y pimienta.

Rinde 4 porciones

Sugerencias para Servir: Sirva con pan de maíz o muffins de maíz.

Abajo:
Ruedas de Carreta del Oeste

Enchiladas de Carne Olé

Tiempo de Preparación: *20 minutos* **Tiempo en el Microondas:** *6 minutos*

450 g de carne molida de res o 450 g de pechugas de pollo, deshuesadas y
   sin piel, picadas
1 taza de salsa espesa
450 g de queso crema pasteurizado con jalapeños, cortado
10 tortillas de harina

1. Dore la carne; escurra. Agregue ½ taza de salsa y la mitad del queso; cocine y revuelva a fuego medio-bajo hasta que el queso se derrita.

2. Sirva ¼ de taza de la mezcla de carne en el centro de cada tortilla; enrolle. Coloque las tortillas volteadas hacia abajo, en un recipiente para microondas. Corone con la salsa y el queso restantes. Cubra con un plástico para microondas.

3. Hornee en el horno a temperatura ALTA de 4 a 6 minutos o hasta que el queso se derrita.

Rinde 5 porciones

Consejo Audaz

Las tortillas de harina vienen en varios tamaños. Elija las que se adapten a sus necesidades.

Derecha:
Enchiladas de Carne Olé

Cerdo con Verduras Szechuan

4 chuletas de lomo de cerdo en corte mariposa, de 1.5 cm de grosor
¼ de taza más 1 cucharada de salsa para sofreír
¾ de cucharadita de jengibre picado *o* ½ cucharadita de jengibre
    molido
1 paquete (450 g) de verduras estilo oriental, descongeladas
1 lata (150 g) de tallarines crujientes chow mein
2 cucharadas de cebollines picados

1. Caliente una sartén honda grande, engrasada, a fuego medio-alto. Agregue las chuletas. Sirva 1 cucharada de salsa para sofreír sobre el cerdo; espolvoree con el jengibre. Cocine durante 3 minutos. Voltee la carne; cocine por 3 minutos. Transfiera las chuletas a un plato. Ponga las verduras y la salsa para sofreír restante en la sartén. Cocine a fuego medio-bajo durante 3 minutos; incorpore el cerdo. Cocine por 3 minutos más hasta que el cerdo ya no esté rosado en el centro, revolviendo las verduras y volteando las chuletas una vez.

2. Acomode los tallarines chow mein alrededor de 4 platos. Ponga las chuletas en los platos. Cubra los tallarines con la mezcla de verduras. Coloque encima la cebolla.

Rinde 4 porciones

Cacerola de Carne con Verduras

450 g de carne molida de res, magra
1 cebolla pequeña picada
1 bolsa (450 g) de mezcla de brócoli, elote y pimientos morrones rojos
1 lata (300 ml) de crema de champiñones

• En una sartén mediana, dore la carne y la cebolla; escurra el exceso de grasa.

• Mientras tanto, en una cacerola grande, cueza las verduras; escurra.

• Agregue la mezcla de carne y la sopa. Cocine a fuego medio hasta que esté bien caliente.

Rinde 4 porciones

Derecha:
*Cerdo con Verduras
Szechuan*

Rollos de Arroz y Pollo

8 filetes de pechuga de pollo, sin hueso y sin piel
2 tazas de agua
1 caja de arroz salvaje de grano largo, de cocción rápida
½ taza de aderezo para ensaladas tipo Ranch
1 taza de lechuga picada
8 tortillas de harina (de 25 cm)

1. Rocíe una sartén con aceite en aerosol. Agregue el pollo; cocine a fuego medio-alto hasta que esté ligeramente dorado por ambos lados. Añada el agua, el arroz y los condimentos que vienen en el paquete. Deje hervir. Tape; reduzca el fuego y deje sazonar hasta que el pollo ya no esté rosado en el centro y el líquido se haya absorbido. Incorpore el aderezo.

2. Sirva la mezcla de arroz uniformemente en el centro de cada tortilla; cubra con lechuga. Doble ambos lados de la tortilla firmemente desde abajo, manteniendo el relleno bien empacado. Rebane diagonalmente cada rollo en 2 piezas.

Rinde 4 porciones

Consejo Rápido

Para calentar tortillas, apile de 8 a 12 y envuélvalas con plástico. Hornee en el microondas a temperatura ALTA de 40 a 50 segundos, volteando y girando una vez mientras se calientan. Para 1 o 2 tortillas, envuelva y caliente a temperatura ALTA por 20 segundos.

Derecha:
Rollos de Arroz y Pollo

Pollo con Relleno a la Sartén

4 cucharadas de mantequilla o margarina
4 mitades de pechuga sin hueso y sin piel (unos 450 g)
1 paquete (180 g) de mezcla de relleno para pollo
2 tazas de mezcla de verduras congeladas
1⅔ tazas de agua

DERRITA 2 cucharadas de mantequilla en una sartén. Agregue el pollo; tape. Cocine hasta que esté bien cocido. Retire de la sartén.

AÑADA las verduras, el agua y la mantequilla restante; deje hervir. Reduzca el fuego a bajo; tape y sazone por 5 minutos. Mezcle el relleno justo hasta que esponje. Cubra con el pollo; tape. Cocine a fuego bajo durante 5 minutos.

Rinde 4 porciones

Tallarines con Atún

2¼ **tazas de agua**

3 **tazas (180 g) de tallarines de huevo medianos, sin cocer**

340 g **de queso crema pasteurizado, picado**

1 **paquete (450 g) de mezcla de verduras descongeladas, escurridas**

1 **lata (180 g) de atún, escurrido y desmenuzado**

¼ **de cucharadita de pimienta negra**

1. Ponga a hervir el agua en una cacerola. Agregue los tallarines. Reduzca el fuego a medio-bajo; tape. Cueza hasta que los tallarines estén suaves.

2. Añada el queso, las verduras, el atún y el pimiento; revuelva hasta que el queso se derrita. *Rinde de 4 a 6 porciones*

Sopa de Elote a la Parrilla

4 **Elotes Asados (receta más adelante)**

5 **cebollines**

4 **tazas de consomé de pollo**

Desgrane los elotes para obtener de 2 a 2½ tazas de granos. Rebane los cebollines, separando las rebanadas blancas de las verdes. Coloque el elote, la parte blanca de los cebollines y 2 tazas de consomé de pollo en una licuadora o en el procesador de alimentos; procese hasta que la mezcla esté ligeramente grumosa. Ponga la mezcla de elote en una cacerola grande; añada el resto del consomé. Caliente durante 15 minutos. Incorpore la parte verde de los cebollines; sazone con sal y pimienta al gusto. *Rinde de 4 a 6 porciones*

Elotes Asados: Voltee hacia atrás las hojas del elote; no las quite. Retire los pelos del elote con un cepillo duro; enjuague bajo el chorro del agua fría. Regrese las hojas a su posición. Ase los elotes sobre una parrilla tapada, con carbones a temperatura media-alta, durante unos 25 minutos o hasta que estén suaves, volteándolos con frecuencia. Retire las hojas y sirva.

Derecha:
Tallarines con Atún

Sofrito Vegetariano

Tiempo de Preparación: *2 minutos*   **Tiempo de Cocción:** *de 12 a 15 minutos*

1 bolsa (450 g) de verduras mixtas congeladas
2 cucharadas de agua
1 lata (400 g) de alubias escurridas
1 frasco (400 g) de salsa para espagueti
½ cucharadita de ajo en polvo
½ taza de queso parmesano rallado

• En una sartén grande, coloque las verduras con el agua. Tape; cueza de 7 a 10 minutos a fuego medio.

• Destape; agregue las alubias, la salsa para espagueti y el ajo en polvo; cocine hasta que esté bien caliente. Espolvoree con queso. Sirva sobre arroz caliente o pasta.

Rinde 4 porciones

Sencilla Pasta con Carne

Tiempo de Preparación y Cocción: *20 minutos*

450 g de filete de res sin hueso, de 2 cm de grosor
1 cucharada de aceite vegetal
1 lata (300 ml) de sopa condensada de tomate rojo
½ taza de agua
1 bolsa (unos 450 g) de mezcla de pasta con verduras congeladas

1. Rebane la carne en tiras muy delgadas.

2. En una sartén mediana, a fuego medio-alto, caliente el aceite. Agregue la carne y cocine hasta que esté dorada y los jugos se evaporen; revuelva con frecuencia.

3. Añada la sopa, el agua y la mezcla de verduras. Caliente hasta que hierva. Reduzca el fuego a bajo. Tape y cocine durante 5 minutos o hasta que la carne y las verduras estén listas, revolviendo ocasionalmente.

Rinde 4 porciones

Consejo Audaz

Para rebanar fácilmente la carne, déjela en el congelador de 45 a 60 minutos hasta que esté parcialmente congelada. Luego, córtela en rebanadas muy delgadas.

Derecha:
Sofrito Vegetariano

Marinadas y Salsas

Derecha:
Vinagreta de Mostaza (receta en página 182)

Complemente una buena pieza de pollo, carne o pescado con una marinada de mucho sabor o una salsa que agregue el toque final para extraer todo su sabor. Las frutas y otros postres se vuelven una tentación sin comparación cuando se embellecen con una espléndida salsa dulce.

Glaseado para Jamón

Tiempo de Preparación: 10 *minutos*

1 taza de jarabe de maíz, light u oscuro
½ taza de azúcar morena
3 cucharadas de mostaza
½ cucharadita de jengibre molido
Pizca de clavo molido

1. En una cacerola mediana, mezcle el jarabe, el azúcar, la mostaza, el jengibre y los clavos. Ponga a hervir a fuego medio; hierva durante 5 minutos, revolviendo ocasionalmente.

2. Unte a menudo el jamón durante los últimos 30 minutos de horneado.

Rinde más o menos 1 taza

Instrucciones para Microondas: En un recipiente de 1½ litros para microondas, mezcle todos los ingredientes. Hornee a temperatura ALTA durante 6 minutos. Glasee el jamón como se indica.

Salsa Tártara para Pescado Asado

Tiempo de Preparación: 5 *minutos*

1 taza de mayonesa
3 cucharadas de salsa picante
2 cucharadas de mostaza oscura
2 cucharadas de pepinillos en salmuera
1 cucharada de alcaparras picadas

Mezcle la mayonesa, la salsa picante, la mostaza, los pepinillos y las alcaparras en un recipiente mediano. Tape y meta al refrigerador hasta el momento de servir. Sirva con salmón asado, hipogloso, pez espada o atún.

Rinde 1½ tazas de salsa

Derecha:
Glaseado para Jamón

Consejo Rápido

¿No tiene tiempo para hacer una ensalada? Es fácil hacer una. Simplemente, coloque las verduras, la carne o el pollo en el fondo de un recipiente y agregue el aderezo. Coloque las verduras verdes encima, sin revolver; refrigere hasta por 2 horas. Revuelva antes de servir.

Derecha:
Salsa BBQ Dulce y Ahumada

Salsa BBQ Dulce y Ahumada

Tiempo de Preparación: *5 minutos*

½ **taza de salsa catsup**
⅓ **de taza de mostaza oscura**
⅓ **de taza de melaza light**
¼ **de taza de salsa inglesa**
¼ **de cucharadita de líquido para ahumar o sal de nogal (opcional)**

Mezcle la salsa catsup, la mostaza, la melaza, la salsa inglesa y el líquido para ahumar, si lo desea, en un recipiente mediano. Revuelva bien hasta que estén bien integrados. Unte el pollo o las costillas durante los últimos 15 minutos de asado.

Rinde más o menos 1½ tazas de salsa

Vinagreta Dijon

½ **limón fresco**
3 **cucharadas de mostaza Dijon con miel**
2 **cucharadas de vinagre de vino tinto**
1 **diente de ajo picado**
½ **cucharadita de salsa inglesa**
⅓ **de taza de aceite de oliva extravirgen**

1. Para sacar el jugo del limón, retire cualquier semilla visible con la punta de un cuchillo. Utilizando un exprimidor o con la mano, exprima el limón en un recipiente pequeño. Retire los residuos de semillas y deséchelos.

2. Agregue la mostaza, el vinagre, el ajo y la salsa inglesa; bata para integrar. Gradualmente, vierta el aceite.

Rinde ⅔ de taza

Salsa de Tocino y Champiñones

5 rebanadas de tocino, cortadas en piezas de .5 cm (unos 120 g)
1 paquete (285 g) de champiñones rebanados (unas 4 tazas)
¼ de taza de salsa para carne
2 cucharadas de jerez

Fría el tocino en una sartén grande a fuego medio-alto hasta que esté crujiente. Retire el tocino con una cuchara con orificios. Conserve 2 cucharadas de la grasa. Sofría los champiñones en la misma sartén con la grasa que conservó, durante 5 minutos o hasta que estén suaves. Agregue la salsa, el jerez y el tocino; deje hervir. Reduzca el fuego; sazone por 5 minutos. Sirva caliente con carne cocida, hamburguesas o pollo.

Rinde 1 ½ tazas

Consejo Audaz

El aceite de ajonjolí es un aceite fuerte hecho con semillas de ajonjolí. Se utiliza en pequeñas cantidades para dar sabor a los platillos orientales, aderezos y salsas. No lo sustituya con otros aceites, como el de oliva.

Derecha:
Salsa de Tocino y Champiñones

Vinagreta de Mostaza

2 cucharadas de mostaza Dijon
½ taza de vinagre de arroz sazonado
¼ de taza de aceite vegetal
½ cucharadita de aceite oscuro de ajonjolí
Pizca de pimienta negra

Bata todos los ingredientes en un recipiente pequeño.

Rinde más o menos ¾ de taza

Marinada Picante

¼ de taza de salsa para carne
¼ de taza de salsa picante

En un recipiente pequeño, que no sea de metal, mezcle la salsa para carne y la salsa picante. Utilícela para marinar carne o cerdo, aproximadamente por 1 hora, en el refrigerador.

Rinde ½ taza

Mayonesa con Albahaca

½ **taza de mayonesa**
½ **taza de crema agria o yogur natural**
1 **cebollín en piezas de 2.5 cm**
2 **cucharadas de perejil fresco picado**
2 **cucharadas de albahaca fresca**
Sal y pimienta

Mezcle la mayonesa, la crema agria, la cebolla, el perejil y la albahaca en un procesador de alimentos o en la licuadora; procese hasta que estén bien integrados. Sazone con sal y pimienta al gusto. Sirva con salmón asado.

Rinde más o menos 1 taza

Marinada de Limón y Pimienta

⅔ **de taza de salsa para carne**
4 **cucharaditas de ralladura de cáscara de limón**
1½ **cucharaditas de pimienta negra molida grueso**

En un recipiente pequeño, mezcle la salsa para carne, el limón y la pimienta. Utilice para marinar carne, pescado o cerdo, por 1 hora, en el refrigerador.

Rinde más o menos ⅔ de taza

Salsa Tártara Fácil

¼ **de taza de mayonesa baja en grasa o sin grasa**
2 **cucharadas de pepinillos en salmuera**
1 **cucharadita de jugo de limón**

Mezcle la mayonesa, los pepinillos y el jugo de limón en un recipiente pequeño; revuelva bien. Refrigere hasta que esté listo para servir.

Rinde más o menos ¼ de taza

Derecha:
Mayonesa con Albahaca

Marinada Italiana

1 sobre de mezcla de aderezo para ensaladas estilo italiano sabor ajo con hierbas
¹/₃ de taza de aceite
¹/₃ de taza de vino blanco seco o agua
2 cucharadas de jugo de limón

Revuelva la mezcla de aderezo para ensaladas y el jugo de limón en un recipiente mediano hasta que estén bien integrados. Reserve ¼ de taza de la marinada para untar; refrigere. Vierta la marinada restante sobre 675 o 900 g de carne, pollo o mariscos. Revuelva para cubrir bien; tape. Refrigere para marinar. Escurra antes de asar.

Rinde ²/₃ de taza

Salsa Cruda

1 taza de tomate rojo picado
2 cucharadas de cebolla picada
2 cucharadas de cilantro fresco picado (opcional)
2 cucharadas de jugo de lima
¹/₂ chile jalapeño,* sin semillas y picado
1 diente de ajo picado

*Los chiles jalapeños pueden irritar la piel; use guantes de plástico cuando los maneje y no se toque los ojos. Lávese las manos después de trabajar con chiles.

Mezcle el tomate, la cebolla, el jugo de lima, los jalapeños y el ajo en un recipiente pequeño. Revuelva para mezclar. Sirva sobre quesadillas calientes.

Rinde 4 porciones

Marinada para Fajitas

½ taza de jugo de lima, *o* ¼ de taza de jugo de lima y ¼ de taza de
    tequila o cerveza
1 cucharada de orégano seco
1 cucharada de ajo picado
2 cucharaditas de comino molido
2 cucharaditas de pimienta negra

Mezcle todos los ingredientes en un recipiente pequeño; revuelva bien. Utilice
para marinar fajitas de carne o pollo, durante 1 hora, en el refrigerador.

Rinde más o menos ½ taza

Salsa de Crema Agria

¾ de taza de crema agria
2 cucharadas de rábano rusticano
1 cucharada de vinagre balsámico
½ cucharadita de azúcar

Mezcle todos los ingredientes en un recipiente pequeño; revuelva bien.

Rinde más o menos 1 taza

Aderezo de Hierbas con Leche Mazada

½ taza más 1 cucharada de leche de mantequilla (leche mazada) sin grasa
3 cucharadas de vinagre sabor frambuesa
1 cucharada de albahaca fresca picada
1 ½ cucharaditas de cebollín recortado
¼ de cucharadita de ajo picado

Coloque los ingredientes en un recipiente pequeño; revuelva para mezclar.

Rinde más o menos ¾ de taza

Arriba:
*Aderezo de Hierbas
con Leche Mazada*

Consejo Audaz

Mastique un trozo de pan mientras está pelando y picando las cebollas; esto ayudará a minimizar las lágrimas. Cuando se cortan las cebollas, sueltan compuestos de azufre que irritan los ojos.

Salsa de Cebolla y Vino

4 tazas de cebolla en rebanadas
2 dientes de ajo picados
2 cucharadas de margarina o mantequilla
½ taza de salsa para carne
2 cucharadas de vino tinto

En una sartén grande, a fuego medio-alto, cocine las cebollas y el ajo en la margarina; moviendo hasta que estén suaves, por unos 10 minutos. Añada la salsa para carne y el vino; caliente hasta que hierva; sazone durante 5 minutos. Sirva caliente con carne cocida.   *Rinde 2½ tazas*

Salsa de Piña

½ taza de piña fresca, finamente picada
¼ de taza de pimiento morrón rojo finamente picado
1 cebollín finamente rebanado
2 cucharadas de jugo de lima
½ chile jalapeño,* sin semillas y picado
1 cucharada de cilantro fresco o albahaca fresca, picados

*Los chiles jalapeños pueden irritar la piel; use guantes de plástico cuando trabaje con ellos y no se toque los ojos. Lávese las manos después de manejarlos.

Mezcle todos los ingredientes en un recipiente que no sea metálico. Sirva a temperatura ambiente.   *Rinde 4 porciones*

Derecha:
Salsa de Cebolla y Vino

Salsa de Fruta Fresca

½ taza de jarabe de maíz light
2 tazas de arándanos frescos con kiwi o durazno (melocotón) picados
1 cucharadita de jugo de limón
¼ de cucharadita de extracto de almendras *o* ½ taza de fruta fresca picada

1. En la licuadora o en el procesador de alimentos, mezcle el jarabe con la fruta y el jugo de limón. Procese hasta que estén suaves.

2. Agregue el extracto de almendras o la fruta fresca picada.

Rinde unas 2 tazas

Salso de Hot Fudge

Tiempo de Preparación: 5 *minutos*   **Tiempo de Cocción:** 15 *minutos*

1 taza de margarina
1 taza de leche descremada
150 g de chocolate sin azúcar
⅔ de taza de jarabe de maíz
⅔ de taza de azúcar
Sal al gusto

1. Caliente la margarina, la leche y el chocolate en una olla en baño María, con muy poca agua, revolviendo constantemente hasta que el chocolate y la margarina se derritan y estén suaves.

2. Agregue el jarabe de maíz, el azúcar y la sal, revolviendo constantemente hasta que el azúcar se disuelva y la mezcla quede suave.

3. Tape y almacene en el refrigerador. Sirva caliente.   *Rinde unas 3½ tazas*

Derecha:
Salsa de Fruta Fresca

Salsa de Fresas

470 g de fresas sin cáliz
2 o 3 cucharadas de azúcar
1 cucharada de licor de fresa o de naranja (opcional)

Mezcle las fresas, el azúcar y el licor, si lo desea, en la licuadora o en el procesador de alimentos. Tape; procese hasta que esté suave. Sirva sobre waffles o hot cakes.

Rinde 1 ½ tazas

Salsa de Maple, Pasas y Nueces

Tiempo de Preparación: *10 minutos*

1 taza de jarabe de maíz, oscuro o light
½ taza de azúcar morena
½ taza de crema batida o espesa
½ taza de nueces picadas
¼ de taza de uvas pasa
½ cucharadita de extracto sabor maple

1. En una sartén mediana, mezcle el jarabe de maíz, el azúcar y la crema. Revuelva constantemente; deje hervir a fuego medio por 1 minuto. Retire del fuego.

2. Agregue las nueces, las uvas pasa y el extracto sabor maple. Sirva caliente. Guárdela en el refrigerador.

Rinde 2 tazas

Consejo Audaz

Después de abrir el empaque, envuelva las pasas en plástico o guárdelas en un recipiente hermético a temperatura ambiente. Se conservarán durante varios meses. Si las refrigera en un recipiente hermético, se conservan frescas hasta por 1 año.

Derecha:
Salsa de Fresas

Puré de Miel y Moras

2 tazas de zarzamoras o frambuesas
¼ de taza de miel
2 cucharadas de brandy con sabor a frutas o regular (opcional)

Haga puré las frambuesas en la licuadora o en el procesador de alimentos. Si lo desea, páselo por un cedazo para eliminar las semillas. O machaque las zarzamoras con un tenedor. Agregue la miel y el brandy, si lo desea, hasta que estén bien mezclados. Sirva sobre pastel de ángel o fruta rebanada.

Rinde 2 tazas

Salsa de Durazno con Jengibre

1 lata (450 g) de rebanadas de duraznos (melocotones) en almíbar, escurridas
1 ½ cucharaditas de jengibre fresco picado
2 cucharadas de licor de almendras (opcional)

Coloque los duraznos en el procesador de alimentos con las aspas de acero; tape y procese hasta que esté suave, limpiando los lados del recipiente. Agregue el jengibre y el licor, si lo desea; procese hasta que esté suave. Sirva con fruta fresca.

Rinde más o menos 1 taza

Salsa de Chocolate con Licor de Café

1 lata (450 g) de cubierta de chocolate
¼ de taza de licor de café

En una cacerola (o en un recipiente para microondas), caliente el chocolate (u hornee en el microondas a temperatura ALTA) hasta que se derrita; agregue el licor. Sirva caliente. Para almacenar, tape y refrigere; recaliente conforme sea necesario.

Rinde 1⅔ tazas

Derecha:
Salsa de Durazno con Jengibre

Salsa de Hot Fudge

Tiempo de Preparación: *10 minutos, más el de enfriamiento*

¾ **de taza de azúcar**
¾ **de taza de crema batida o espesa**
½ **taza de jarabe de maíz light**
2 **cucharadas de margarina o mantequilla**
1 **paquete (225 g) de chocolate semiamargo**
1 **cucharadita de vainilla**

1. En un recipiente grande, mezcle el azúcar, la crema, el jarabe de maíz y la margarina. Revolviendo constantemente, ponga a hervir a fuego medio. Retire del fuego.

2. Agregue el chocolate y mueva hasta que se derrita. Añada la vainilla.

3. Sirva caliente sobre helado o nieve. Guárdelo en el refrigerador.

Rinde unas 2¼ tazas

Salsa de Crema de Cacahuate

Tiempo de Preparación: *5 minutos*

½ **taza de jarabe de maíz, light u oscuro**
½ **taza de crema de cacahuate (maní)**
3 o 4 **cucharadas de leche**

1. En un recipiente pequeño, revuelva el jarabe de maíz, la crema de cacahuate y la leche.

2. Sirva sobre helado, nieve o tortas. Guárdela en el refrigerador.

Rinde unas 1¼ tazas

Derecha (de arriba abajo):
Salsa de Hot Fudge, Salsa de Crema de Cacahuate y Salsa de Maple, Pasas y Nueces (página 192)

Salsa Cremosa de Lima

1 recipiente (180 g) de yogur natural sin grasa
2 cucharadas de cilantro fresco picado
2 cucharadas de jugo de lima
1 cucharada de chile jalapeño picado*

*Los chiles jalapeños pueden irritar la piel; use guantes de plástico cuando trabaje con ellos y no se toque los ojos. Lávese las manos después de manejarlos.

Mezcle todos los ingredientes en un recipiente pequeño; revuelva bien para combinar. Sirva con fruta rebanada.   *Rinde más o menos 1 taza*

Salsa Exprés

Tiempo de Preparación: *10 minutos*

1 taza de agua
½ taza de café exprés molido
1 lata (400 g) de leche condensada (no use leche evaporada)
¼ de taza (½ barra) de mantequilla o margarina

En una cacerola pequeña, a fuego medio, ponga a hervir 1 taza de agua y el café exprés. Retire del fuego y deje reposar por 5 minutos. Vierta la mezcla en un colador de metal; deseche los sedimentos. En un recipiente pequeño, a fuego medio, mezcle el exprés y la leche. Deje hervir. Retire del fuego; añada la mantequilla. Enfríe.   *Rinde 1 ¼ tazas*

Derecha:
Salsa Cremosa de Lima

Salsa Praliné de Plátano

Tiempo de Preparación: 15 *minutos*   **Tiempo de Cocción:** 5 *minutos*

¼ **de taza de margarina**
¼ **de taza de azúcar morena**
2 **cucharaditas de jugo de limón**
½ **cucharadita de canela molida**
1 **taza de plátano rebanado**
¼ **de taza de nueces picadas**

1. Caliente la margarina, el azúcar morena, el jugo de limón y la canela en una cacerola, a fuego medio, hasta que la margarina se derrita y la mezcla esté suave.

2. Agregue el plátano. Cocine de 2 a 3 minutos o hasta que la fruta esté suave. Añada las nueces. Enfríe. Tape y guarde en el refrigerador.

3. Sirva la salsa caliente sobre helado o yogur congelado.   *Rinde 1½ tazas*

Salsa Melba de Durazno

Tiempo de Preparación: 10 *minutos*   **Tiempo de Cocción:** 5 *minutos*

1 **paquete (285 g) de frambuesas en almíbar, descongeladas**
¼ **de taza de margarina**
1 **cucharadita de canela molida**
¼ **de cucharadita de nuez moscada**
1 **lata (435 g) de mitades de duraznos (melocotón) en almíbar, escurridas**

1. Caliente las frambuesas con el almíbar, la margarina, la canela y la nuez moscada en una cacerola a fuego medio hasta que hierva.

2. Reduzca el fuego; deje hervir de 3 a 5 minutos o hasta que esté ligeramente espeso. Agregue los duraznos. Enfríe. Tape y guarde en el refrigerador.

3. Sirva esta salsa caliente o fría sobre helado o yogur congelado.

Rinde 2 tazas

Derecha:
Salsa de Hot Fudge (página 190), Salsa Praliné de Plátano y Salsa Melba de Durazno

Ensaladas

Una vez creado un tentador platillo en sólo unos minutos, por qué no acompañarlo con una saludable ensalada o una atractiva guarnición. Cuando haya aprendido a hacer estos platillos a prueba de fuego, el centro de mesa de su comida llegará al cielo... con un mínimo esfuerzo.

Derecha:
Ensalada César con Pollo Asado (receta en página 212)

Ensalada de Ejotes y Papa

Vinagreta Dijon (opcional, página 180, o aderezo de vinagreta preparado)
675 g de papas (patatas) de cáscara roja pequeñas
285 g de ejotes (judías verdes) frescos
1 taza de tomates cherry en cuartos
½ taza de cebolla picada
⅛ de cucharadita de sal
⅛ de cucharadita de pimienta negra

1. Prepare la Vinagreta Dijon, si lo desea.

2. Cepille las papas bajo el chorro de agua fría con un cepillo especial para vegetales; enjuague bien. No las pele.

3. Coloque las papas en una cacerola de 3 litros; cubra con agua. Deje hervir a fuego medio-alto. Reduzca el fuego a bajo; cueza, sin tapar, de 10 a 15 minutos o hasta que se sientan suaves al picarlas con un tenedor.

4. Escurra las papas en una coladera. Enjuague bajo el chorro de agua fría; escurra. Corte las papas a lo largo en mitades con un cuchillo grande de cocina.

5. Enjuague bien los ejotes en una coladera bajo el chorro de agua fría; escurra. Corte el extremo de cada ejote; deséchelos. Corte los ejotes en piezas de 5 cm con un cuchillo de cocina.

6. Coloque los ejotes en una cacerola de 2 litros; cubra con agua. Deje hervir a fuego medio-alto. Reduzca el fuego a bajo; cueza, tapado, de 5 a 6 minutos o hasta que los ejotes estén crujientes y suaves.

7. Transfiera los ejotes a un colador; enjuague bajo el chorro de agua. Escurra.

8. Mezcle las papas, los ejotes, los tomates y la cebolla en un recipiente grande. Vierta la vinagreta, si lo desea, la sal y la pimienta; revuelva bien. Cubra firmemente con envoltura de plástico. Refrigere de 2 a 3 horas.

Rinde 6 porciones

Consejo Audaz

Con frecuencia, los tomates cherry se utilizan para adornar las ensaladas, debido a su tamaño y su forma. Lave los tomates justo antes de usarlos y corte las raíces que tengan. Escoja tomates firmes.

Derecha:
Ensalada de Ejotes y Papa

Ensalada de Col

4 tazas de col picada (más o menos ½ col)
2 cucharadas de aceite de oliva
2 cucharadas de jugo de limón
   Sal y pimienta negra recién molida
   Aros de cebolla y anillos de pimiento morrón verde (opcional)

Coloque la col en un recipiente grande. En un recipiente pequeño, bata el aceite de oliva y el jugo de limón. Vierta sobre la col; revuelva hasta que esté bien cubierta. Sazone con sal y pimienta al gusto. Adorne con aros de cebolla y pimiento, si lo desea.
   Rinde de 4 a 6 porciones

Popurrí de Manzana y Arroz

1 paquete (180 g) de mezcla de arroz de grano largo y arroz salvaje
1 taza (120 g) de queso cheddar desmoronado
1 taza de manzana Washington Golden Delicious, picada
1 taza de champiñones rebanados
½ taza de apio finamente rebanado

Prepare la mezcla de arroz siguiendo las instrucciones del paquete. Caliente el horno a 180 °C. Agregue ½ taza de queso, la manzana, los champiñones y el apio en el arroz; revuelva para mezclar. Sirva la mezcla en un recipiente de 1 litro. Hornee por 15 minutos. Cubra con el queso restante; hornee hasta que el queso se derrita, durante unos 10 minutos.
   Rinde 4 porciones

Instrucciones para Microondas: Mezcle el arroz cocido, ½ taza de queso, la manzana, los champiñones y el apio como se indica; sirva la mezcla en un recipiente para microondas y hornee a temperatura ALTA de 3 a 4 minutos o hasta que esté bien caliente. Cubra con el queso restante; hornee a temperatura ALTA durante 1 minuto o hasta que el queso se derrita.

Consejo para Servir

Sirva las ensaladas con pan francés crujiente envuelto en una servilleta para retener el calor. Unte el pan con mantequilla de ajo antes de calentar para que tenga más sabor.

Derecha:
Popurrí de Manzana y Arroz

Ensalada de Espinaca y Tomate

Tiempo de Preparación: 10 *minutos*

  1 **paquete (225 g) de hojas de espinaca completas con croutones y tocino**
  2 **tomates rojos medianos, a la mitad y en rebanadas**
  ¹⁄₂ **pepino mediano finamente picado**
  ¹⁄₂ **cebolla pequeña finamente picada**
  1 **lata (400 a 450 g) de alubias o garbanzos, escurridos**

• Revuelva la espinaca, los croutones y el tocino del paquete con los tomates, el pepino, la cebolla y las alubias en un recipiente mediano.

• Vierta el aderezo del paquete sobre la ensalada; sacuda para cubrir homogéneamente.
                                     Rinde 4 porciones

Derecha:
*Ensalada de
Espinaca y Tomate*

Ensalada de Papa y Verduras

Tiempo de Preparación: 10 *minutos*   **Tiempo de Horneado:** 45 *minutos*

  1 **kg de papas (patatas) rojas en cubos**
  2 **calabacitas finamente rebanadas a lo largo**
  2 **zanahorias rebanadas diagonalmente**
  1 **cebolla morada pequeña, en rebanadas**
  2 **tazas de aderezo de tomate rojo y ajo**

REVUELVA las verduras con el aderezo en un recipiente grande.

SIRVA en un molde hondo para hornear.

HORNEE a 200 °C de 40 a 45 minutos o hasta que las verduras estén suaves, revolviendo ocasionalmente.
                                       Rinde 8 porciones

Arriba:
*Ensalada de Papa
y Verduras*

Ensalada de Carne y Blue Cheese
Tiempo de Preparación: 10 *minutos*

1 paquete (285 g) de mezcla de lechugas
120 g de asado de res rebanado, en tiras delgadas
1 tomate rojo grande, sin semillas y en trozos u 8 tomates cherry a la mitad
60 g (½ taza) de queso gorgonzola o queso blue cheese
1 taza de croutones
½ taza de aderezo César preparado o aderezo italiano para ensaladas

1. En un recipiente grande, mezcle la lechuga, el asado de res, el tomate, el queso y los croutones.

2. Bañe con el aderezo; revuelva bien. Sirva inmediatamente.

Rinde 4 platillos principales u 8 porciones de guarnición

Sugerencia para Servir: Sirva con palitos de pan.

Vinagreta de Ensalada de Col

¼ de taza de aceite vegetal
2 cucharadas de vinagre de vino blanco
1 cucharada de miel
Sal y pimienta
1 paquete (225 g) de mezcla de ensalada de col

Bata juntos el aceite, el vinagre y la miel. Sazone con sal y pimienta al gusto. Coloque la mezcla de ensalada de col en un recipiente mediano; vierta encima la mezcla de vinagreta. Revuelva ligeramente para cubrir. Refrigere durante 30 minutos o hasta por 3 días.

Rinde 4 porciones

Consejo Audaz

El queso gorgonzola, uno de los mejores quesos de Italia, está hecho con leche de vaca y tiene un sabor cremoso muy rico. Se puede encontrar en rebanadas y envuelto en aluminio en los supermercados.

Derecha:
Ensalada de Carne y Blue Cheese

Ensalada de Espinaca y Naranja

1 **manojo grande de espinacas, sin raíces**
2 **naranjas**
½ **jícama pequeña, pelada y en tiras julianas (más o menos 1 taza)**
¼ **de taza de nueces tostadas en mitades**
    Aderezo de vinagreta preparado (opcional)

Lave y seque la espinaca; enfríe hasta que esté crujiente. Parta en pedacitos de un bocado; colóquelos en un recipiente grande. Pele las naranjas, retirando la membrana blanca. Sepárelas en gajos. Agregue la naranja, la jícama y las nueces a la espinaca. Vierta la vinagreta sobre la mezcla, si lo desea, y revuelva bien hasta que todo esté bien incorporado. *Rinde 6 porciones*

Ensalada César con Pollo Asado

Tiempo de Preparación: *15 minutos más el tiempo de marinado*   **Tiempo de Asado:** *20 minutos*

  8 **tazas de lechuga orejona en trozos**
450 **g de pechugas de pollo, sin piel y sin hueso, asadas y en tiras**
  1 **taza de croutones sazonados**
  ½ **taza de queso parmesano rallado**
  ¾ **de taza de aderezo César tipo italiano, sin grasa**

REVUELVA bien la lechuga, el pollo, los croutones y el queso en un recipiente grande para ensaladas.

AGREGUE el aderezo; cubra bien. Sirva con rebanadas frescas de limón y pimienta negra recién molida, si lo desea. *Rinde 4 porciones*

Variante: Prepare como se indica, sustituyendo la lechuga por 1 paquete (285 g) de ensalada verde mixta.

Derecha:
Ensalada de Espinaca y Naranja

Carpaccio de Calabacita

Tiempo de Preparación y Cocción: *28 minutos*

340 g de calabacita rallada
½ taza de almendras rebanadas, tostadas
1 cucharada de aderezo italiano preparado
4 panes franceses tipo baguette, rebanados a lo largo
4 cucharaditas de margarina suave
3 cucharadas de queso parmesano rallado

1. Caliente el asador. Coloque la calabacita en un recipiente mediano. Agregue las almendras y el aderezo; revuelva bien.

2. Ponga las piezas de pan en una charola grande para hornear; unte homogéneamente la margarina. Espolvoree el queso. Ase a 7 cm del fuego de 2 a 3 minutos o hasta que las orillas y el queso estén dorados.

3. Esparza la mezcla de calabacita sobre cada mitad de pan. Adorne a su gusto. Sirva inmediatamente. *Rinde 4 porciones*

Sugerencia para Acompañar: Espagueti con salsa de tomate rojo.

Derecha:
Carpaccio de Calabacita

Papas al Horno Rellenas

1 frasco (450 g) de salsa de queso parmesano con ajo asado o salsa de doble queso cheddar
1 bolsa (450 g) de verduras mixtas congeladas, cocidas y escurridas
6 papas (patatas) grandes para hornear, sin pelar y cocidas

Caliente la salsa en una cacerola de 2 litros. Agregue las verduras; caliente bien.

Haga un corte a lo largo desde la parte superior de cada papa. Machaque ligeramente la pulpa en cada papa. Sirva la mezcla de salsa en cada papa. Sazone, si lo desea, con pimienta negra molida.   *Rinde 6 porciones*

Mezcla Cremosa de Verduras

Tiempo de Preparación: *15 minutos*   **Tiempo de Cocción:** *20 minutos*

1 lata (300 g) de crema condensada de apio o espárragos
½ taza de leche
2 tazas de floretes de brócoli
2 zanahorias medianas rebanadas (aproximadamente 1 taza)
1 taza de floretes de coliflor

1. En una cacerola mediana, revuelva la crema, la leche, el brócoli, las zanahorias y la coliflor. Caliente a fuego medio hasta que hierva.

2. Reduzca el fuego a bajo. Tape y cocine durante 15 minutos o hasta que las verduras estén suaves, revolviendo ocasionalmente.   *Rinde 6 porciones*

Variante: Omita la leche. Sustituya las verduras frescas por una bolsa (450 g) de mezcla de verduras congeladas (brócoli, coliflor, zanahoria).

Derecha:
Papas al Horno Rellenas

Cacerola de Brócoli y Cebolla

1 cebolla grande
¾ de taza de consomé de pollo desgrasado*
565 g de brócoli
½ cucharadita de pimienta negra
Pizca de pimentón

Para desgrasar el consomé de pollo, quite la grasa de la superficie con una cuchara. O deje el consomé en el refrigerador durante 2 horas por lo menos. Antes de usarlo, retire la grasa que se endureció sobre la superficie.

Caliente el horno a 190 °C. Corte la cebolla en cuartos, luego transversalmente en rebanadas delgadas. Ponga a hervir la cebolla y el consomé en una cacerola mediana a fuego alto. Reduzca el fuego a bajo. Cocine, tapado, por 5 minutos o hasta que la cebolla esté suave. Pase la cebolla a un recipiente pequeño con una cuchara con orificios, dejando el consomé en la cacerola.

Corte el brócoli, retirando la parte del tallo. Corte en floretes con 1.5 cm de tallo. Pele las demás ramas de brócoli. Corte en rebanadas de .5 cm de grosor. Esparza la mitad del brócoli en un recipiente rectangular de 20 cm o en una cacerola de 2 litros. Esparza la mitad de las rebanadas de cebolla sobre el brócoli. Sazone con ¼ de cucharadita de pimienta. Repita las capas.

Vierta el consomé reservado sobre las verduras. Cubra firmemente con papel de aluminio. Hornee durante 25 minutos o hasta que el brócoli esté suave. No revuelva. Escurra el líquido; espolvoree con pimentón antes de servir.

Rinde 6 porciones

Relleno de Salchichas para Pan de Maíz

Tiempo de Preparación: 15 *minutos*   **Tiempo de Cocción:** 25 *minutos*

115 g de salchichas de cerdo
1 ¼ tazas de agua
½ taza de granos de elote cocido
½ taza de queso cheddar desmoronado (60 g)
1 cucharada de perejil fresco finamente picado *o* 1 cucharadita de
    perejil seco
4 tazas de relleno de pan de maíz

1. En una cacerola grande, a fuego medio-alto, cocine las salchichas hasta que se doren, revolviendo para separar la carne. Escurra la grasa.

2. Agregue el agua, el elote, el queso y el perejil. Añada el relleno. Revuelva ligeramente. Sirva sobre una cacerola de 1½ litros.

3. Tape y hornee a 180 °C durante 25 minutos o hasta que esté bien caliente.

Rinde 6 porciones

Consejo: Este relleno para hornear da un nuevo sabor a los alimentos y es lo suficientemente fácil de hacer para usarlo cualquier día.

Elote Calicó

Tiempo de Preparación: *de 2 a 3 minutos*   **Tiempo de Cocción:** *de 6 a 8 minutos*

1 bolsa (450 g) de elote congelado
½ taza de pimiento morrón verde finamente picado
½ taza de tomate rojo picado

- Cueza el elote siguiendo las instrucciones del paquete.

- Mezcle el elote con el pimiento morrón y el tomate.

- Agregue sal y pimienta al gusto.

Rinde de 4 a 6 porciones

Consejo Audaz

En temporada, los tomates rojos deben ser redondos y pesados, con un color brillante y un aroma agradable. Pueden estar firmes pero no duros. Un tomate rojo suave o acuoso está demasiado maduro. Evite comprar tomates rotos o manchados.

Consejo Audaz

Para que la cocción de las coles sea más rápida, corte una "X" profunda en el extremo del tallo.

Derecha:
Fiesta de Verduras Horneadas

Arriba:
Coles de Bruselas Estofadas

Fiesta de Verduras Horneadas

Tiempo de Preparación: 5 *minutos*   **Tiempo de Cocción:** 10 *minutos*

1 paquete (450 g) de mezcla de verduras congeladas
1 lata (300 g) de crema condensada de brócoli o espárragos
⅓ de taza de leche
1 ⅓ tazas de cebollas fritas a la francesa

Instrucciones para Microondas: Mezcle las verduras, la crema, la leche y ⅔ de taza de cebollas fritas en una cacerola de 2 litros para microondas. Hornee,* sin tapar, a temperatura ALTA de 10 a 12 minutos o hasta que las verduras estén crujientes y suaves, revolviendo a la mitad del tiempo de cocción. Espolvoree con las cebollas fritas restantes. Hornee durante 1 minuto más o hasta que las cebollas estén doradas. *Rinde de 4 a 6 porciones*

*U *horneé a 190 °C de 30 a 35 minutos en el horno.*

Coles de Bruselas Estofadas

450 g de coles de Bruselas frescas
½ taza de caldo de carne condensado *o* ½ taza de agua más 2 cucharaditas de consomé de res instantáneo
1 cucharada de mantequilla o margarina suavizada
¼ de taza de queso parmesano fresco rallado
Pimentón

1. Corte los tallos de las coles y retire las hojas exteriores descoloridas.

2. Use una cacerola lo suficientemente grande como para que las coles quepan en una sola capa. Coloque las coles y el jugo de carne en la cacerola. Ponga a hervir; reduzca el fuego. Tape; cocine durante unos 5 minutos o justo hasta que las coles se tornen de un verde brillante y estén suaves y crujientes.

3. Destape; cocine hasta que el líquido casi se evapore. Cubra las coles cocidas con mantequilla y queso. Espolvoree con pimentón al gusto. Adorne a su gusto. *Rinde 4 porciones de guarnición*

Papas al Horno Cubiertas con Verduras

2½ tazas de mezcla de verduras congeladas de brócoli y zanahorias
4 papas (patatas) grandes horneadas
1 lata (300 g) de crema de brócoli o de espárragos
½ taza (60 g) de queso cheddar desmoronado
Sal y pimienta

1. Coloque las verduras en un recipiente para microondas. Hornee a temperatura ALTA durante 5 minutos; escurra.

2. Frote las papas; haga varios cortes con un cuchillo. Hornee a temperatura ALTA durante 15 minutos o hasta que las papas estén suaves.

3. Mientras que las papas se están cocinando, mezcle la crema, las verduras y el queso en una cacerola mediana. Cocine y revuelva a fuego bajo hasta que el queso se derrita y la mezcla esté bien caliente.

4. Parta por la mitad las papas. Cubra cada mitad con la mezcla. Sazone con sal y pimienta al gusto.   *Rinde 4 porciones*

Sofrito de Verduras

1 cucharada de aceite vegetal
3 a 4 zanahorias rebanadas diagonalmente
2 calabacitas rebanadas diagonalmente
3 cucharadas de jugo de naranja
Sal y pimienta

Caliente el aceite en una sartén mediana o en un wok a fuego medio-alto. Agregue las zanahorias; sofría por 3 minutos. Añada las calabacitas y el jugo de naranja; sofría durante 4 minutos o hasta que las verduras estén crujientes y suaves. Sazone con sal y pimienta al gusto.   *Rinde 4 porciones*

Consejo Audaz

Para hornear, elija papas russet. Guárdelas en un lugar frío y oscuro hasta por 2 semanas, lejos de las cebollas (para prevenir que las papas se pudran rápidamente).

Derecha:
Papas al Horno Cubiertas con Verduras

Mazorcas de Elote Asadas

115 g de mantequilla o margarina suavizada
1 cucharada de salsa de soya
½ cucharadita de estragón seco machacado
6 mazorcas de elote frescas

Revuelva la mantequilla, la salsa de soya y el estragón. Pele los elotes. Ponga cada elote sobre una pieza de papel de aluminio lo suficientemente grande como para poder enrollarlos; selle las orillas. Colóquelos en la parrilla a 7 cm de distancia del carbón caliente; cocine de 20 a 30 minutos o hasta que estén suaves, volteándolos con frecuencia. (O coloque cada elote envuelto en una charola para hornear. Hornee a 160 °C durante 30 minutos.) Sirva inmediatamente. *Rinde 6 porciones*

Nota: La mezcla de soya y mantequilla también se puede untar sobre el elote caliente.

Arriba:
*Mazorcas de Elote
Asadas*

Brócoli con Limón y Albahaca

Tiempo de Preparación: *2 minutos*   **Tiempo de Cocción:** *8 minutos*

1 bolsa (450 g) de floretes de brócoli congelados
2 cucharadas de mantequilla derretida
¼ de cucharadita de jugo de limón
¼ de cucharadita de albahaca seca

• Cueza el brócoli siguiendo las instrucciones del paquete; escurra.

• Mezcle la mantequilla, el jugo de limón y la albahaca en un recipiente pequeño; revuelva bien.

• Revuelva el brócoli y la mezcla de mantequilla; mueva bien para integrar los ingredientes. *Rinde 4 porciones*

Dúo de Verduras con Almendras

1 bolsa (285 g) de ejotes (judías verdes) congelados
½ paquete (450 g) de cebollas de cambray
¼ de taza de almendras tostadas
2 cucharadas de mantequilla o margarina
   Sal y pimienta al gusto

1. Mezcle los ejotes y las cebollas en una cacerola mediana; cuézalos siguiendo las instrucciones del paquete. Escurra.

2. Regrese las verduras a la cacerola. Agregue las almendras y la mantequilla; revuelva a fuego bajo hasta que la mantequilla esté derretida y la mezcla esté caliente. Sazone con sal y pimienta al gusto.   *Rinde 4 porciones*

Nota: Para tostar las almendras, espárzalas uniformemente en una charola para hornear. Hornee a 180 °C de 8 a 10 minutos o hasta que estén ligeramente tostadas, revolviendo ocasionalmente.

Verduras Frescas Salteadas

2 cucharadas de aceite de oliva
6 tazas de verduras mixtas cortadas, como floretes de brócoli, ejotes (judías verdes), coliflor, chícharos (guisantes), tiras de pimiento, zanahorias rebanadas diagonalmente, champiñones, cebollas, calabaza amarilla y calabacita
1 sobre de aderezo para ensaladas
2 cucharadas de vinagre de vino tinto

CALIENTE el aceite en una sartén grande a fuego medio-alto. Agregue las verduras; cuézalas y mueva hasta que estén crujientes.

AÑADA el aderezo para ensaladas y el vinagre; cueza y mueva hasta que todo esté bien caliente. Si lo desea, adorne con perejil fresco picado.

Rinde de 4 a 6 porciones

Macarrones con Queso Estilo Mexicano
Tiempo de Preparación: 5 *minutos*   **Tiempo de Cocción:** 10 *minutos*

> **2 tazas de coditos de pasta sin cocer**
> **1 frasco (450 g) de dip picante con queso**

1. En una cacerola grande, cueza la pasta siguiendo las instrucciones del paquete. Escurra.

2. En el mismo recipiente, revuelva el dip y la pasta. A fuego bajo, caliente bien, revolviendo ocasionalmente. *Rinde 4 porciones*

Papas al Horno con Queso
Tiempo de Preparación: 10 *minutos*   **Tiempo de Cocción:** 3 *minutos*

> **4 papas (patatas) horneadas calientes, en mitades**
> **1 taza de dip picante con queso**

Instrucciones para Microondas:
1. Coloque las papas horneadas en un plato para microondas. Con cuidado, afloje la pulpa de las papas con un tenedor.

2. Sirva el dip sobre las papas. Hornee a temperatura ALTA durante 3 minutos o hasta que estén bien calientes. *Rinde 4 porciones*

Nota: Para calentar una papa: Cubra con ¼ de taza de dip. Hornee en el microondas a temperatura ALTA durante 1 minuto o hasta que esté bien caliente. Aumente el tiempo a 2 minutos si el dip estaba refrigerado.

Papas al Horno con Brócoli y Queso: En el paso 2, cubra cada papa con ¼ de taza de cortes de brócoli. Sirva sobre las papas. Hornee en el microondas a temperatura ALTA durante 3 minutos hasta calentar.

Papas al Horno con Queso y Verduras: Después de hornear las papas con el dip en el microondas, cubra cada papa con tomate rojo picado y cebollines rebanados.

Tomates Rellenos

4 tomates rojos medianos
¼ de taza de queso parmesano rallado
4 huevos
4 cucharaditas de cebollín picado
Sal y pimienta negra al gusto
Espinaca Cremosa (opcional, receta más adelante)

1. Caliente el horno a 190 °C.

2. Corte una rebanada delgada del cáliz de cada tomate; retire las semillas y la pulpa; tenga cuidado de no romper los tomates. Colóquelos en un molde para hornear. Espolvoree 1 cucharada de queso parmesano dentro de cada tomate. Vierta el contenido de un huevo en cada tomate. Cubra con cebolla, sal y pimienta. Hornee de 15 a 20 minutos o hasta que los huevos estén listos. Sirva con Espinaca Cremosa, si lo desea. *Rinde 4 porciones*

Espinaca Cremosa

1 paquete (285 g) de espinaca picada, descongelada
2 cucharadas de mantequilla o margarina
2 cucharadas de harina de trigo
1 taza de leche
¼ de cucharadita de sal
Pizca de pimienta negra
1 cucharada de queso parmesano rallado (opcional)

Exprima la espinaca para quitar la humedad. Derrita la mantequilla en una cacerola mediana a fuego medio. Agregue la harina; cocine hasta que burbujee. Vierta poco a poco la leche. Cocine hasta que espese. Añada la espinaca; continúe cociendo a fuego bajo, revolviendo constantemente, durante unos 15 minutos o hasta que la espinaca esté suave. Sazone con sal, pimienta y queso, si lo desea. *Rinde 4 porciones*

Consejo Rápido

Para ahorrar tiempo y obtener los mejores resultados al exprimir la espinaca, póngala entre dos platos hondos, dejando que escurra sobre el fregadero.

Arroz y Brócoli con Queso

Tiempo de Preparación: 5 *minutos*   **Tiempo de Cocción:** 10 *minutos más el tiempo de reposo*

1 paquete (285 g) de brócoli picado, descongelado y escurrido
1 taza de agua
1 ½ tazas de arroz blanco sin cocer
225 g de queso crema pasteurizado, cortado

Ponga a hervir el brócoli y el agua en una cacerola mediana a fuego medio-alto. Agregue el arroz; tape. Retire del fuego. Deje reposar durante 5 minutos. Añada el queso, revuelva hasta que el queso esté derretido.   *Rinde 6 porciones*

Ensalada Mandarín de Pavo

Aderezo de Hierbas con Leche Mazada (opcional, página 187)
1 lata (de 450 g) de consomé de pollo sin grasa
565 g de filetes de pavo, cortados por la mitad a lo largo
½ taza de albahaca seca
225 g (unas 8 tazas) de mezcla de ensalada verde, lavada y seca
1 kg (unas 10 tazas) de verduras para ensalada crudas y cortadas, como brócoli, pimientos, zanahorias y cebolla morada
1 lata (150 g) de gajos de mandarina escurridos

Prepare el Aderezo de Hierbas con Leche Mazada, si lo desea. Coloque el consomé en una cacerola mediana; deje hervir a fuego alto. Agregue el pavo y la albahaca. Deje que hierva; reduzca el fuego. Cocine, tapado, de 12 a 14 minutos o hasta que el pavo ya no esté rosado. Retire el pavo del caldo. Cuando esté lo suficientemente frío como para manejarlo, desmenuce el pavo en tiras. Acomode la ensalada verde en platos individuales. Divida el pavo homogéneamente sobre la ensalada. Acomode las verduras y los gajos de mandarina alrededor del pavo; bañe cada porción con 2 cucharadas de Aderezo de Hierbas con Leche Mazada; si lo desea.   *Rinde 6 porciones*

Derecha:
Arroz y Brócoli con Queso

Cacerola de Arroz con Queso

Tiempo de Preparación: 15 *minutos*   **Tiempo de Cocción:** 9 *minutos*

2 tazas de arroz cocido caliente
1 ⅓ tazas de cebollas fritas a la francesa
1 taza de crema agria
1 frasco (450 g) de salsa poco picante
1 taza (120 g) de queso cheddar rallado o mezcla de queso para taco

Mezcle el arroz y ⅔ de taza de cebollas fritas en un recipiente grande. Sirva la mitad de la mezcla de arroz en una cacerola honda para microondas de 2 litros. Esparza la crema agria sobre la mezcla de arroz.

Haga una capa con la mitad de la salsa y la mitad del queso sobre la crema agria. Ponga otra capa con la mezcla de arroz restante, la salsa y el queso. Cubra con plástico. Hornee en el microondas a temperatura ALTA durante 8 minutos o hasta que esté bien caliente. Espolvoree con las cebollas restantes. Hornee en el microondas durante 1 minuto o hasta que las cebollas estén doradas.

Rinde 6 porciones

Cacerola de Piña y Camote

4 camotes (batatas) medianos, cocidos, pelados y machacados
⅓ de taza de betún de piña
4 cucharadas de mantequilla o margarina derretida
1 cucharada de jugo de limón

Mezcle bien los camotes, el betún, 3 cucharadas de mantequilla y el jugo de limón. Unte la cacerola con 1 cucharada de mantequilla. Vierta la mezcla de camote en la cacerola. Hornee a 180 °C durante 25 minutos o hasta que esté bien caliente.

Rinde 4 porciones

Consejo Rápido

Para recalentar una cacerola de 1 litro congelada, desenvuélvala y hornee en el microondas, tapado, a temperatura ALTA de 10 a 15 minutos, revolviendo una o dos veces. Deje reposar durante unos 5 minutos.

Derecha:
Cacerola de Arroz con Queso

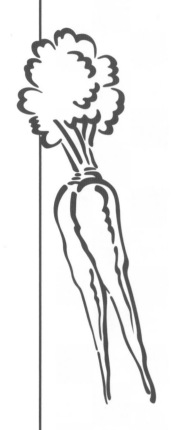

Brócoli y Zanahorias al Vapor

450 g de brócoli
12 zanahorias miniatura peladas*
1 cucharada de mantequilla o margarina
Sal y pimienta negra

Utilice 225 g de zanahorias miniatura congeladas o 225 g de zanahorias regulares, en trozos de 5 cm, en vez de las zanahorias miniatura.

1. Corte el brócoli en floretes. Elimine los tallos grandes. Quite los tallos más pequeños; corte los tallos en rebanadas delgadas.

2. Coloque 5 o 6 cm de agua y la canasta para cocer al vapor sobre una cacerola grande; deje hervir.

3. Agregue el brócoli y las zanahorias. Deje hervir durante 6 minutos o hasta que las verduras estén crujientes y suaves.

4. Coloque las verduras en un platón para mesa. Añada la mantequilla; revuelva ligeramente para cubrir. Sazone con sal y pimienta al gusto.   *Rinde 4 porciones*

Salsa de Macarrones con Queso

Tiempo de Preparación: 5 *minutos*   **Tiempo de Cocción:** 15 *minutos*

1 frasco (450 g) de salsa de doble queso cheddar
1 taza de salsa preparada
225 g de coditos de pasta, cocidos y escurridos

1. En una cacerola de 2 litros, caliente la salsa de queso a fuego medio. Agregue la salsa; caliente bien.

2. Revuelva con la pasta caliente. Sirva inmediatamente.   *Rinde 4 porciones*

Puré de Papas con Ajo

Tiempo de Preparación: *10 minutos*   **Tiempo de Cocción:** *15 minutos*

420 ml de consomé de pollo condimentado con ajo asado
5 papas grandes en trozos de 2.5 cm

1. En una cacerola mediana, coloque el consomé y las papas. A fuego alto, caliente hasta que hierva. Escurra y cueza durante 10 minutos hasta que las papas estén suaves. Escurra y reserve el caldo.

2. Machaque las papas con 1¼ tazas del caldo reservado. Si es necesario, agregue más caldo hasta que las papas tengan la consistencia deseada.

Rinde unas 6 porciones

Puré de Papa Ligero: Puede sustituir el consomé de pollo con ajo asado por 420 ml de consomé regular.

Col Morada Agridulce

1 cucharada de mantequilla o margarina
½ taza de vinagre blanco
¼ de taza de miel
1 cucharadita de sal
1 col morada picada (8 tazas)
2 manzanas descorazonadas y en cuadritos

Derrita la mantequilla en una sartén grande antiadherente o de acero, a fuego medio. Agregue el vinagre, la miel y la sal. Añada la col y las manzanas; revuelva bien. Reduzca el fuego a bajo; tape y cocine de 45 a 50 minutos.

Rinde de 4 a 6 porciones

Instrucciones para Microondas: Coloque la col en un recipiente de 3 litros para microondas. Agregue las manzanas, la mantequilla y el vinagre. Tape y hornee a temperatura ALTA (100%) durante 15 minutos. Añada la miel y la sal. Tape y hornee a temperatura ALTA por 10 minutos.

Consejo Rápido

Si la miel está cristalizada, caliéntela en el microondas hasta que suavice. Coloque el frasco sin la tapa y caliente a temperatura ALTA durante 30 segundos. Revuelva la miel y deje reposar por 1 minuto; repita los pasos si es necesario.

Almuerzo y Lunch

Considerado por muchos la comida más importante del día, un buen lunch o almuerzo puede darle energía por muchas horas, pero no tiene por qué costarle mucho tiempo prepararlo. Nuestras seductoras y fáciles recetas le sacarán de la cocina, para que ponga su atención en otros quehaceres... con satisfacción y una sonrisa.

Derecha:
Emparedados de Pollo con Queso (receta en página 246)

Hamburguesas de Espinaca con Queso

1 sobre de mezcla de sopa de champiñones con ajo

1 kg de carne molida de res

1 paquete (285 g) de espinaca picada, descongelada y exprimida

1 taza de queso mozzarella o cheddar rallado (unos 120 g)

1. En un recipiente grande, combine todos los ingredientes; forma 8 tortitas con la mezcla.

2. Ase a la parrilla hasta que estén listas. Sirva, si lo desea, en bollos para hamburguesa.

Rinde 8 porciones

Consejo para la Receta: La mantequilla con sabor a cebolla es un aderezo genial para las verduras; las papas, el pan y los rollos. Disuelva 1 sobre de mezcla de sopa de cebolla con ¾ de taza de mantequilla o margarina suavizada. Guárdela tapada en el refrigerador. Rinde 1 taza.

Ranchwich de Huevo

Tiempo de Preparación: *10 minutos*   **Tiempo de Cocción:** *5 minutos*

¼ de taza de sustituto de huevo

1 cucharadita de chiles verdes picados

1 bollo para hamburguesa de trigo entero, a la mitad y tostado

1 cucharada de salsa espesa caliente

1 cucharada de queso cheddar bajo en grasa, rallado

En una sartén poco engrasada o en la parrilla, ponga un molde engrasado de 10 cm o un cortador de pan con el sustituto de huevo. Espolvoree con los chiles. Cueza de 2 a 3 minutos o hasta que la parte inferior del huevo esté lista. Voltee el huevo. Cueza de 1 a 2 minutos más o hasta que esté listo.

Para servir, coloque el huevo sobre la mitad de un bollo. Cubra con salsa, queso y tape con la otra mitad del bollo.

Rinde 1 emparedado

Derecha:
Hamburguesa de Espinaca con Queso

Pitas de Cacahuate

1 paquete (450 g) de pitas pequeñas (pan árabe), cortadas por la mitad
16 cucharaditas de mantequilla de cacahuate (maní) sin grasa
16 cucharaditas de mermelada de fresa
1 plátano grande, pelado y rebanado finamente (unas 48 rebanadas).

1. Unte 1 cucharadita de crema de cacahuate y 1 de mermelada de fresa en cada mitad de pita.

2. Rellene las mitades de pita con rebanadas de plátano. Sirva inmediatamente.

Rinde 8 porciones

Abejitas: Sustituya la mermelada por miel.

Jalea Festiva: Sustituya el plátano y la mermelada por jalea de cualquier sabor y rebanadas de manzana.

Crujientes: Sustituya la mermelada y el plátano por mayonesa baja en grasa y apio rebanado.

Emparedados para el Almuerzo

4 muffins tipo inglés partidos por la mitad y tostados
8 rebanadas delgadas de jamón
8 cucharaditas de mostaza Dijon
8 huevos grandes, fritos o poché (pasados por agua)
8 rebanadas de queso suizo

1. Cubra cada mitad de muffin con una rebanada de jamón; dóblela para que ajuste. Esparza la mostaza ligeramente sobre el jamón; cubra con un huevo y una rebanada de queso.

2. Pase a un charola para hornear. Ase a la parrilla de 10 a 15 cm de la fuente de calor hasta que el queso se derrita y los emparedados estén calientes, de 2 a 3 minutos.

Rinde 4 porciones

Derecha:
Pitas de Cacahuate

Lomo de Cerdo con Salsa de Manzana

1 ¼ tazas más 2 cucharadas de marinada ahumada con jugo de manzana
1 lomo de cerdo (de 1.125 a 1.350 kg)
1 lata (600 g) de relleno o cubierta de manzana para pay

En una bolsa grande para alimentos, mezcle 1 taza de marinada ahumada y el lomo; selle la bolsa. Marine en el refrigerador durante 30 minutos por lo menos. Retire el lomo; deseche la marinada. Ase el lomo a la parrilla, con el método de cocción indirecta, durante 35 minutos o hasta que ya no esté rosado en el centro, volteando una vez y untando frecuentemente con ¼ de taza de marinada ahumada. Deje reposar por 10 minutos antes de rebanar. En una cacerola mediana, mezcle las 2 cucharadas de marinada y el relleno de manzana para pay. Cocine a fuego bajo hasta que esté caliente. Sirva sobre el lomo.

Rinde de 6 a 8 porciones

Sugerencia para Servir: Sirva con coles de Bruselas y pan de maíz. Adorne con arándanos rojos, si lo desea.

Consejo: Puede sustituir el relleno de manzana por otro tipo de salsa de manzana. Intente con una salsa espesa con trozos de fruta, azúcar morena y canela.

Derecha:
Lomo de Cerdo con
Salsa de Manzana

Huevos Horneados

4 huevos
4 cucharaditas de leche
  Sal y pimienta negra al gusto

1. Caliente el horno a 190 °C. Engrase 4 moldes pequeños para hornear.

2. Vierta el contenido de 1 huevo en cada molde. Agregue 1 cucharadita de leche en cada una. Sazone con sal y pimienta.

3. Hornee durante unos 15 minutos o hasta que estén listos.   *Rinde 4 porciones*

Opciones para Huevos Horneados: Antes de hornear, cubra los huevos con la cantidad que desee de uno o más de los siguiente ingredientes: media crema, salsa, queso rallado, jamón picado, cebollines picados o hierbas frescas picadas. Hornee como se indica arriba.

Rápidas Tostadas de Carne y Frijoles

450 g de carne molida de res
  1 cebolla pequeña picada (más o menos ¼ de taza)
  1 lata (335 g) de sopa condensada de carne con chile y frijoles
¼ de taza de agua
10 tostadas de tortilla de maíz
  Queso cheddar rallado, lechuga picada, tomate rojo picado y crema agria

1. En una sartén mediana, a fuego medio-alto, cueza la carne y la cebolla hasta que la carne se dore, revolviendo para separarla. Escurra la grasa.

2. Agregue la sopa y el agua. Reduzca el fuego a bajo. Tape y cocine durante 5 minutos.

3. Divida la mezcla de carne entre las tostadas. Corone con queso, lechuga, tomate rojo y crema agria.   *Rinde 10 tostadas*

Rebanadas Silvestres

2 tortillas de harina (de 20 cm)
Aceite vegetal en aerosol
$\frac{1}{3}$ de taza de queso cheddar bajo en grasa, rallado
$\frac{1}{3}$ de taza de pollo o pavo cocido picado
1 cebollín finamente picado (más o menos $\frac{1}{4}$ de taza)
2 cucharadas de salsa espesa

1. Caliente una sartén antiadherente grande a fuego medio.

2. Rocíe un lado de la tortilla de harina con aceite en aerosol; coloque el lado engrasado de la tortilla en la sartén. Cubra con queso, pollo, cebollín y salsa. Coloque la otra tortilla sobre la mezcla; rocíe con aceite vegetal.

3. Cocine de 2 a 3 minutos de cada lado o hasta que estén doradas y el queso se derrita. Corte en 8 triángulos.   *Rinde 4 porciones*

Variante: Para quesadillas de frijoles, omita el pollo y esparza $\frac{1}{3}$ de taza de frijoles refritos enlatados, sin grasa, sobre una de las tortillas.

Derecha:
Rebanadas
Silvestres

Emparedados de Pollo con Queso

Tiempo de Preparación: 5 *minutos*   **Tiempo para Asar:** 14 *minutos*

> **6 mitades de pechuga de pollo, sin hueso y sin piel (unos 900 g)**
> **⅔ de taza de aderezo tipo Ranch**
> **225 g de queso crema**
> **6 bollos de pan francés, a la mitad**
> **Lechuga**

1. Unte el pollo con ⅓ de taza de aderezo. Rocíe la rejilla del asador con aceite en aerosol. Coloque el pollo sobre la rejilla.

2. Ase de 8 a 10 cm del fuego de 5 a 6 minutos o hasta que el pollo esté bien cocido. Cubra el pollo con queso. Ase durante otros 2 minutos o hasta que el queso esté derretido.

3. Unte los bollos con el aderezo restante; rellene con lechuga y pollo.

Rinde 6 emparedados

Use su Parrilla: Prepare el pollo como se indica. Ase sobre los carbones de 5 a 6 minutos de cada lado o hasta que esté bien cocido. Cubra con queso y siga asando hasta que el queso se derrita. Continúe con la receta.

Hamburguesas Italianas con Queso

Tiempo de Preparación y Cocción: *20 minutos*

450 g de carne molida de res

1 lata (320 g) de crema condensada de tomate rojo estilo italiano

¼ de taza de agua

4 rebanadas de queso mozzarella, queso americano o queso para fundir (unos 120 g)

4 bollos para hamburguesa, partidos por la mitad y tostados

1. Con la carne, forme 4 tortitas de 1.5 cm de grosor.

2. En una sartén mediana, a fuego medio-alto, cueza las tortitas hasta que doren. Retire la grasa. Déjelas a un lado.

3. Agregue a la sartén la sopa y el agua. Deje hervir. Regrese las tortillas a la sartén. Reduzca el fuego a bajo. Tape y cocine durante 10 minutos o hasta que las tortitas ya no estén rosadas (70 °C).

4. Coloque el queso sobre las tortitas y cocine hasta que se derrita. Ponga las tortitas en 4 mitades de pan. Cubra con la mezcla de sopa y coloque encima las tapas de los panes.

Rinde 4 emparedados

Idea para Servir: Sirva con pasta condimentada. En una cacerola mediana, a fuego medio-alto, ponga a hervir 840 ml de consomé de pollo condimentado con hierbas. Agregue 3 tazas de espirales de pasta. Reduzca el fuego a medio. Cueza durante 10 minutos o hasta que la pasta esté lista, revolviendo ocasionalmente. Rinde 6 porciones.

Consejo Audaz

Se recomienda que la carne molida sea 70% magra, por lo menos. La ternera molida contiene más grasa y, por lo tanto, produce hamburguesas más jugosas. Si no está seguro de qué comprar, pregunte a su carnicero.

Macarrón con Atún

Tiempo de Preparación: *10 minutos*   **Tiempo de Cocción:** *15 minutos*

2 tazas de agua
2 tazas (225 g) de coditos de pasta sin cocer
360 g de queso crema picado
1 paquete (450 g) de mezcla de verduras, descongeladas y escurridas
1 lata (180 g) de atún, escurrido y desmenuzado
2 cucharadas de leche

1. Ponga a hervir el agua en una cacerola. Agregue la pasta. Reduzca el fuego a medio-bajo; tape. Cocine de 8 a 10 minutos o hasta que los coditos estén suaves.

2. Agregue el queso, las verduras, el atún y la leche; revuelva hasta que se derrita el queso.

Rinde de 4 a 6 porciones

Un Toque Nutricional: Por las verduras mixtas, el Macarrón con Atún es una fuente excelente de vitamina A, pero las puede sustituir por cualquier tipo de verduras si es que su familia tiene una preferida.

Derecha:
Macarrón con Atún

Desayuno a la Sartén

Tiempo de Preparación y Cocción: *30 minutos*

675 g de papas (patatas) rojas
3 salchichas de cerdo (unos 340 g)
2 cucharadas de mantequilla o margarina
1 ½ cucharaditas de alcaravea
4 tazas de col morada picada

1. Corte las papas en piezas de .5 a 1.5 cm. Coloque en un recipiente para microondas. Hornee en el microondas, tapado, a temperatura ALTA durante 3 minutos; revuelva. Hornee por 2 minutos más o hasta que se sientan suaves al tocarlas con un tenedor.

2. Mientras las papas se cuecen, rebane las salchichas en piezas de .5 cm. Póngalas en una sartén grande. Cocine a fuego medio-alto. Cocine, revolviendo ocasionalmente, durante 8 minutos o hasta que se doren y ya no estén rosadas en el centro. Retírelas de la sartén con una cuchara con orificios. Escurra la grasa.

3. Derrita la mantequilla en una sartén. Añada las papas y la alcaravea. Cocine, revolviendo de vez en cuando, de 6 a 8 minutos o hasta que las papas estén doradas y suaves. Regrese las salchichas a la sartén; incorpore la col. Cocine, tapado, durante 3 minutos o hasta que la col esté ligeramente suave. Destape y revuelva durante 3 o 4 minutos más o hasta que la col esté suave y de color rojo brillante. Sirva con fruta fresca, si lo desea.

Rinde 4 porciones

Salmón Delicioso

6 filetes de salmón (de unos 180 g cada uno)
¾ de taza de aderezo tipo Ranch para ensaladas
2 cucharaditas de eneldo fresco picado *o* ¼ de cucharadita de eneldo seco
1 cucharadita de perejil fresco picado
Rebanadas de limón
Ramitas frescas de eneldo (opcional)

Caliente el horno a 190 °C. Acomode el salmón en un recipiente para hornear untado con mantequilla; esparza 2 cucharadas de aderezo sobre cada filete. Espolvoree el eneldo picado y el perejil. Hornee hasta que el pescado se desmenuce fácilmente cuando lo toque con un tenedor, de 10 a 15 minutos. Coloque bajo la parrilla de 45 a 60 segundos hasta que dore. Sirva con rebanadas de limón y adorne con ramitas de eneldo, si lo desea.

Rinde 6 porciones

Papas Olé al Horno

Tiempo de Preparación: 5 *minutos*   **Tiempo de Cocción:** 15 *minutos*

450 g de carne molida de res
1 cucharada de chile en polvo
1 taza de salsa picante *o* salsa espesa
4 papas al horno, partidas por la mitad
Queso cheddar rallado

1. En una sartén mediana, a fuego medio-alto, cueza la carne y el chile en polvo hasta que la carne esté dorada, revolviendo para separar la carne. Escurra la grasa.

2. Agregue la salsa picante. Reduzca el fuego a bajo y caliente bien. Sirva sobre las papas. Cubra con el queso.

Rinde 4 porciones

Derecha:
Salmón Delicioso

Abajo:
*Hamburguesa
Wisconsin Rellena
de Queso*

Hamburguesas Wisconsin Rellenas de Queso

1.350 g de carne molida de res
 ½ taza de pan molido
 2 huevos
 1 ¼ tazas (150 g) de su queso favorito, como queso con pimienta, queso
    blue cheese o queso feta con albahaca, rallado

En un recipiente para mezclar, combine la carne, el pan molido y los huevos; revuelva bien, pero ligeramente. Divida la mezcla en 24 bolitas; aplane cada una sobre papel encerado hasta que tengan 10 cm de diámetro. Coloque 1 cucharada de queso sobre 12 tortitas. Cubra con las tortitas restantes; con cuidado, presione las orillas para sellar. Ase las tortitas a 10 cm de los carbones, volteando sólo una vez, de 6 a 9 minutos de cada lado o hasta que ya no estén rosadas. Para mantener el queso entre las tortitas conforme se va derritiendo, no aplane las hamburguesas mientras las asa. *Rinde 12 porciones*

Precaución: El relleno de queso puede estar muy caliente inmediatamente después de cocinar las tortitas.

Rápidas Quesadillas de Pavo
Tiempo de Preparación: 10 *minutos*   **Tiempo de Cocción:** 15 *minutos*

 1 lata (300 g) de sopa condensada de queso
 ½ taza de salsa espesa *o* salsa picante
 2 tazas de pavo cocido picado
 10 tortillas de harina (de 20 cm)
   Arroz Fiesta (opcional, receta más adelante)

1. Caliente el horno a 220 °C.

2. En una cacerola mediana, mezcle la sopa, la salsa y el pavo. A fuego medio, caliente bien, revolviendo con frecuencia.

3. Coloque las tortillas sobre 2 charolas para hornear. Cubra cada tortilla con ⅓ de taza de la mezcla de sopa. Esparza hasta 1.5 cm de la orilla. Humedezca con agua las orillas de la tortilla. Doble y junte las orillas.

4. Hornee durante 5 minutos o hasta que estén bien calientes. Sirva con Arroz Fiesta, si lo desea.

Rinde 4 porciones

Arroz Fiesta: En una cacerola mediana, mezcle 300 ml de consomé de pollo, ½ taza de agua y ½ taza de salsa espesa. A fuego medio-alto, caliente hasta que hierva. Agregue 2 tazas de arroz instantáneo sin cocer. Tape y retire del fuego. Deje reposar durante 5 minutos. Esponje con un tenedor. Rinde 4 porciones.

Piernas de Pollo con Marinada de Jengibre y Lima

¾ **de taza de aderezo italiano**
2 **cucharadas de miel**
4 **cucharaditas de jugo de lima**
1 **cucharadita de jengibre molido**
¼ **de cucharadita de pimienta roja molida (opcional)**
6 **piernas de pollo medianas (unos 900 g)**

Para la marinada, mezcle todos los ingredientes, excepto el pollo. En un recipiente hondo y grande, que no sea de aluminio, o en una bolsa de plástico, agregue ¾ de taza de la marinada; voltee para cubrir. Tape, o cierre la bolsa, y marine en el refrigerador, volteando ocasionalmente, de 3 a 24 horas. Refrigere la marinada restante.

Retire el pollo y deseche la marinada. Ase el pollo a la parrilla, volteando una vez y barnizando a menudo con la marinada refrigerada, hasta que el pollo esté listo.

Rinde 4 porciones

Hamburguesas con Sopa de Cebolla

Tiempo de Preparación y Cocción: *20 minutos*

450 g de carne molida de res
1 lata (290 g) de sopa condensada de cebolla
4 bollos de pan, a la mitad
4 rebanadas de queso (utilice su favorito)

1. Con la carne, forme 4 tortitas de 1.5 cm de grosor.

2. En una sartén mediana, a fuego medio-alto, cueza las tortitas hasta que doren. Déjelas a un lado. Escurra la grasa.

3. Agregue la sopa. Caliente hasta que hierva. Regrese las tortitas a la sartén. Reduzca el fuego a bajo. Tape y cocine durante 10 minutos o hasta que las tortitas ya no estén rosadas (70 °C).

4. Coloque el queso sobre las tortitas y cocine hasta que se derrita. Ponga las tortitas sobre 4 mitades de pan. Cubra con la otra mitad de los panes. Sirva con la mezcla de sopa a manera de dip. *Rinde 4 hamburguesas*

Derecha (de arriba abajo):
Hamburguesa con Sopa de Cebolla y Hamburguesa Italiana con Queso (página 247)

Omelets Especiales para Dos

6 huevos

3 cucharadas de leche y crema a partes iguales, de crema light o de leche

¹/₄ de cucharadita de sal

¹/₈ de cucharadita de pimienta negra molida

2 cucharadas de margarina

En un recipiente pequeño, con la batidora o con un tenedor, bata los huevos, la leche con crema, la sal y la pimienta.

En una sartén antiadherente de 20 cm, derrita 1 cucharada de margarina. Vierta y esparza la mezcla de huevo. Con una espátula, levante las orillas de la omelet, inclinando la sartén para permitir que la mezcla no cocida fluya hacia el fondo. Cuando la omelet esté lista y ligeramente húmeda, agregue el relleno que desee. Con una espátula, doble la omelet y cuézala por 30 segundos más. Repita con la margarina y la mezcla de huevo restantes.

Rinde 2 porciones

Rellenos Especiales para Omelet:

Omelet de Espárragos: En una sartén de 25 cm, derrita 2 cucharadas de margarina a fuego medio-alto y cueza ¹/₄ de taza de chalotes picados o cebollas hasta que estén suaves. Agregue 1¹/₂ tazas de espárragos, sal y pimienta negra molida al gusto. Cueza hasta que los espárragos estén suaves. Sirva sobre las omelets; luego, espolvoree con ¹/₄ de taza de queso parmesano rallado.

Omelet Occidental: En una sartén de 25 cm, derrita 1 cucharada de margarina. Derrita a fuego medio-alto y cueza 1 taza de pimiento, 1 taza de papas (patatas) en cuadritos, ¹/₂ taza de cebolla picada, sal y pimienta molida al gusto, revolviendo ocasionalmente, hasta que las verduras estén suaves. Sirva sobre las omelets.

Omelet de Tomate y Albahaca: Rellene las omelets con 2 cucharadas de tomate rojo picado, ²/₃ de taza de queso mozzarella fresco picado, 4 hojas frescas de albahaca, cortadas en tiras delgadas, sal y pimienta molida al gusto.

Derecha:
Omelet Especial de Espárragos

Paquetitos de Pita

1 lata (435 g) de mezcla de verduras, escurridas
285 g de pollo en trozos cocido
½ taza de queso cheddar o suizo, rallado
⅓ de taza de aderezo tipo Ranch u otro aderezo cremoso
2 pitas redondas (pan árabe)
4 hojas grandes de lechuga

En un recipiente mediano, mezcle el pollo, el queso y el aderezo. Corte las pitas por la mitad. Con cuidado, abra las pitas. Coloque una hoja de lechuga en cada bolsita de pan. Rellene con la mezcla de pollo.

Rinde 4 porciones

Ensalada Caliente de Carne

1 filete de res (de unos 565 g)
Sal y pimienta
115 g de tirabeques (vainas)
Hojas de lechuga
1 cebolla morada mediana, rebanada, en aros
470 g de tomates cherry
Aderezo de mostaza con miel (opcional)

1. Caliente la parrilla. Coloque la rejilla de la parrilla a 10 cm del fuego. Ponga el filete sobre la rejilla del asador. Ase durante 10 minutos o hasta el término deseado, volteando después de 5 minutos. Sazone con sal y pimienta al gusto.

2. Mientras tanto, ponga a hervir agua ligeramente salada en una cacerola mediana. Agregue los tirabeques y cocine durante 2 minutos. Escurra. Coloque el filete sobre una tabla para picar. Corte diagonalmente, a lo largo, en tiras delgadas.

3. Adorne un plato de mesa con lechuga. Acomode las rebanadas de filete en el centro del plato. Rodee con aros de cebolla, tirabeques y tomates. Sirva con aderezo, si lo desea.

Rinde 4 porciones

Derecha:
Paquetitos de Pita

Bacalao con Tomates y Aceitunas

450 g de filetes de bacalao (unos 4 filetes) de 5 cm de grosor
1 lata (420 g) de tomates rojos estilo italiano, picados y escurridos
2 cucharadas de aceitunas maduras, deshuesadas y picadas
1 cucharadita de ajo picado
2 cucharadas de perejil fresco picado

1. Caliente el horno a 200 °C. Rocíe un recipiente para hornear de 33×23 cm, con aceite de oliva en aerosol. Acomode los filetes de bacalao sobre el recipiente; sazone con sal y pimienta al gusto.

2. Mezcle los tomates, las aceitunas y el ajo en un recipiente mediano. Ponga sobre el pescado.

3. Hornee durante 20 minutos o hasta que el pescado se desmenuce al tocarlo con un tenedor. Espolvoree con perejil.

Rinde 4 porciones

Consejo para Servir

Para agregar color y sabor a casi cualquier alimento, unte mantequilla, espolvoree pimentón y orégano seco sobre pan francés, y áselo hasta que esté ligeramente tostado.

Rollos Reuben

8 tortillas de harina (de 18 cm)
¾ de taza de mostaza oscura
450 g de carne de res, rebanada
2 tazas (225 g) de queso suizo rallado
½ taza de chucrut (col picada con salmuera)

Esparza 1½ cucharadas de mostaza sobre cada tortilla. Ponga una capa de carne, queso y chucrut sobre las tortillas. Enrolle las tortillas como taco. Asegúrelas con palillos.* Coloque las tortillas sobre una parrilla barbecue engrasada. Ase a fuego medio-bajo durante unos 10 minutos o hasta que las tortillas estén tostadas y el queso se derrita, volteando con frecuencia. Retire los palillos antes de servir.

Rinde 4 porciones

*Remoje en agua los palillos durante 20 minutos para prevenir que se quemen.

Derecha:
Bacalao con Tomates y Aceitunas

Croissants de Lomo, Queso y Cebolla

¼ **de taza de margarina**
1 **cebolla grande finamente rebanada**
8 **rebanadas de lomo canadiense (unos 120 g)**
4 **croissants grandes calientes, partidos por la mitad a lo largo, o baguettes tostadas**
225 **g de queso brie, en rebanadas de .3 cm**

Caliente el horno a 180 °C.

En una sartén de 24 cm, derrita la mantequilla a fuego medio-alto y cocine la cebolla, revolviendo ocasionalmente, durante 10 minutos o hasta que esté dorada. Retire la cebolla.

En la misma sartén, caliente el lomo, volteándolo una vez.

En una charola para hornear, acomode 4 mitades de croissants. Cubra con el lomo, las cebollas y el queso. Hornee durante 2 minutos o hasta que el queso se derrita ligeramente. Cubra con las tapas del pan y sirva calientes.

Rinde 4 porciones

Derecha:
*Croissants Lomo,
Queso y Cebolla*

Consejo Audaz

Para comprobar si el huevo está cocido, hágalo girar como trompo. Si gira sobre su extremo, está cocido; si se va de lado, está crudo.

Derecha:
Submarino de Res con Ajo

Submarinos de Res con Ajo

Tiempo de Preparación: *10 minutos*   **Tiempo de Cocción:** *unos 10 minutos*

      3 tazas de cebollas finamente rebanadas
      3 cucharadas de salsa inglesa
      1 envase (120 g) de queso para untar con sabor a ajo
      4 panes partidos a la mitad y tostados
    360 g de asado de res (roast beef) rebanado

1. Derrita 1 cucharada de mantequilla en una sartén mediana a fuego medio-alto. Agregue las cebollas; cocine y revuelva durante 5 minutos o hasta que estén suaves. Añada la salsa inglesa; cocine por 2 minutos más.

2. Unte 1 cucharada de queso en cada mitad de pan. Ase durante 30 segundos o hasta que el queso empiece a dorarse. Ponga una capa de carne y cebollas en la parte inferior del pan. Cubra la parte superior.   *Rinde 4 porciones*

Ensalada de Espinaca

    115 g de tocino picado
    225 g de espinacas frescas, lavadas, escurridas y en trozos
      2 huevos duros rebanados
      2 tomates rojos en rebanadas
      1 taza de aderezo tipo Ranch para ensaladas

En una sartén, fría el tocino hasta que esté crujiente; escurra sobre toallas de papel. Conserve la grasa. Coloque las espinacas en un recipiente para ensaladas; acomode el tocino, los huevos y los tomates rojos encima. Caliente un poco de grasa y vierta el aderezo; cocine hasta que esté caliente. Vierta sobre la ensalada.   *Rinde de 4 a 6 porciones*

Quesadillas con Chile

2 cucharadas de queso ricotta
6 tortillas de maíz (de 15 cm)
½ taza (60 g) de queso para fundir bajo en grasa, rallado
2 cucharadas de chiles verdes picados
Aceite vegetal en aerosol
Salsa Cruda (opcional, página 186, o salsa preparada)

1. Para hacer 1 quesadilla, esparza 2 cucharaditas de queso ricotta sobre la tortilla. Espolvoree queso para fundir y 2 cucharaditas de chiles. Cubra con 1 tortilla. Repita la operación para hacer 2 quesadillas más.

2. Rocíe aceite en aerosol sobre una sartén antiadherente. Caliente a fuego medio-alto. Coloque 1 quesadilla; cocine durante 2 minutos o hasta que la parte inferior esté dorada. Voltee la quesadilla, cocine por 2 minutos. Retire del fuego. Corte en 4 rebanadas. Repita la operación con las quesadillas restantes. Sirva calientes con Salsa Cruda, si lo desea. *Rinde 4 porciones*

Chuletas de Cerdo

Tiempo de Preparación y Cocción: 15 *minutos*

1 cucharada de aceite vegetal
4 chuletas de cerdo de 1.5 cm de grosor (unos 450 g)
1 lata (300 ml) de crema condensada de cebolla
¼ de taza de agua

1. En una sartén mediana, a fuego medio-alto, caliente el aceite. Ponga las chuletas y cueza durante 8 minutos hasta que doren. Retírelas. Quite la grasa.

2. Agregue la sopa y el agua. Regrese las chuletas. Reduzca el fuego a bajo. Tape y cueza por 5 minutos o hasta que la carne ya no esté rosada.

Rinde 4 porciones

Derecha:
Quesadillas con Chile

Emparedados de Queso y Carne

Tiempo de Preparación: 5 *minutos*   **Tiempo de Cocción:** 10 *minutos*

2 cucharadas de margarina o mantequilla
1 cebolla grande finamente rebanada
6 filetes de res congelados o frescos
1 frasco (450 g) de salsa de doble queso cheddar
6 baguettes

1. En una sartén de 24 cm, derrita la margarina a fuego medio y cocine la cebolla, tapada, revolviendo ocasionalmente, durante 4 minutos o hasta que esté suave. Retire la cebolla. En la misma sartén, cocine los filetes durante 2 minutos o hasta que estén listos.

2. En una cacerola de 3 litros, caliente la salsa. Acomode los filetes y las cebollas sobre los panes; cubra con salsa caliente.   *Rinde 6 porciones*

Pescado en Aluminio

1 lata (225 g) de tomates guisados
⅓ de taza de salsa para carne
1 diente de ajo picado
4 filetes (de 120 g) de pescado firmes
2 tazas de verduras mixtas congeladas

En un recipiente pequeño, mezcle los tomates, la salsa para carne y el ajo.

Coloque cada filete de pescado en el centro de un papel de aluminio grueso o de doble espesor; cubra cada uno con las verduras mixtas y ¼ de taza de la mezcla de salsa para carne. Envuelva bien el pescado.

Ase los paquetes de pescado a fuego medio, de 8 a 10 minutos o hasta que el pescado se desmenuce fácilmente con un tenedor. Sirva de inmediato.

Rinde 4 porciones

Derecha:
*Emparedado de
Queso y Carne*

Panes

Sólo existe una cosa mejor que el aroma de un pan hecho en casa, y eso es poder hacerlo de manera fácil y sencilla. Disfrute estas recetas, ya sea creando maravillosos muffins y dulces sorpresas o preparando pan para acompañar una excitante entrada. Probablemente, usted terminará comiéndoselos.

Derecha:
*Pan Anadama
(receta en la
página 278)*

Muffins Rellenos de Mermelada

1 paquete de mezcla para muffins con arándanos negros
1 huevo
½ taza de agua
¼ de taza de mermelada de fresa
2 cucharadas de almendras naturales rebanadas

1. Caliente el horno a 200 °C. Coloque 8 moldes de papel o de aluminio para muffin (de 6 cm).

2. Enjuague con agua fría los arándanos de la mezcla y escúrralos.

3. Vacíe la mezcla de panqués en un recipiente. Deshaga los grumos. Agregue el huevo y el agua. Revuelva hasta que esté húmedo, aproximadamente 50 batidas. Rellene los moldes con la pasta hasta la mitad.

4. Revuelva los arándanos con la mermelada. Sirva sobre la pasta. Espolvoree con las almendras. Hornee a 200 °C de 17 a 20 minutos o hasta que estén dorados. Enfríe de 5 a 10 minutos. Afloje los panes con mucho cuidado antes de desmoldar. *Rinde 8 muffins*

Consejo: Para obtener un delicioso y diferente sabor, utilice mermelada de frambuesa o zarzamora en lugar de mermelada de fresa.

Derecha:
Muffins Rellenos de Mermelada

Palitos de Pan Crujientes

2 cucharadas de aderezo tipo Ranch
2 cucharadas de crema agria
1 paquete (285 g) de pasta refrigerada para pizza
Mantequilla derretida

1. Caliente el horno a 200 °C. Engrase charolas para hornear o fórrelas con papel pergamino. Revuelva el aderezo y la crema agria en un recipiente pequeño.

2. Desenrolle la pasta para pizza sobre una superficie enharinada. Forme con la pasta un rectángulo de 40×25 cm. Unte encima la mantequilla derretida. Esparza el aderezo sobre la superficie de la pasta; corte en 24 tiras (de 25 cm). Forme las figuras que desee con la pasta.

3. Coloque los palitos de pan a 1.5 cm de distancia entre sí sobre las charolas. Hornee durante 10 minutos o hasta que estén dorados. Sirva inmediatamente o coloque sobre una rejilla de alambre para que se enfríen.   *Rinde 24 palitos*

Bisquets

2 tazas de harina de trigo cernida
3 cucharaditas de polvo para hornear
1 cucharadita de sal
⅓ de taza de manteca vegetal
¾ de taza de leche

1. Caliente el horno a 220 °C. Mezcle la harina, el polvo para hornear y la sal. Corte ⅓ de taza de manteca con 2 cuchillos hasta que parezca alimento molido. Agregue la leche, revuelva con un tenedor hasta que se incorporen.

2. Transfiera la pasta a una superficie ligeramente enharinada. Amase con cuidado de 8 a 10 veces. Enrolle la pasta para que tenga un grosor de 1.5 cm. Corte con un cortador redondo enharinado de 2.5 cm. Hornee a 220 °C de 12 a 15 minutos. No hornee de más.   *Rinde de 12 a 16 bisquets (de 5 cm)*

Pan Anadama

7³⁄₄ a 8¹⁄₄ tazas de harina de trigo
2 paquetes (de 8 g cada uno) de levadura activa seca
1¹⁄₂ cucharaditas de sal
2³⁄₄ tazas de agua
³⁄₄ de taza de melaza
¹⁄₄ de taza de mantequilla o margarina
1¹⁄₄ tazas de harina de maíz

1. Mezcle 4 tazas de harina, la levadura y la sal. Revuelva el agua, la melaza y la mantequilla en una cacerola. Caliente a fuego bajo hasta que la mezcla esté de 48 a 55 °C. (No es necesario que la mantequilla esté derretida.) Combine la mezcla de agua con la harina en la batidora a velocidad baja. Aumente la velocidad a media; bata durante 2 minutos. A velocidad lenta, agregue la harina de maíz y 2 tazas de harina. Aumente la velocidad a media; bata por 2 minutos. Añada suficiente harina adicional para suavizar la pasta. Saque la pasta y póngala sobre una superficie enharinada; aplánela un poco. Amase la pasta hasta que esté suave y elástica; si es necesario, agregue la harina restante para prevenir que se haga pegajosa. Forme con la pasta una pelota; póngala en un recipiente engrasado. Voltee la pasta para que la superficie se engrase. Cubra con una toalla; deje que se esponje hasta que duplique su volumen.

2. Aplane la pasta. Amásela sobre una superficie enharinada durante 1 minuto. Corte la pasta en mitades. Cubra con una toalla; déjela reposar por 10 minutos. Engrase 2 moldes para soufflé o para cacerola (de 1¹⁄₂ litros), o 2 moldes de pan de 23×13 cm. Para los moldes de soufflé, forme una pelota con cada mitad de la pasta; colóquelas en moldes engrasados. Para moldes de pan, forme con la mitad de la pasta un rectángulo de 30×20 cm con un rodillo bien enharinado. Empezando por uno de los lados de 20 cm, enrolle la pasta a manera de "niño envuelto". Pellizque los extremos para sellar. Coloque la pieza, con la unión hacia abajo, sobre el molde preparado; plegando hacia abajo los extremos. Repita con la pasta restante. Cubra y deje que se esponje en un lugar caliente, hasta que duplique su volumen. Caliente el horno a 190 °C. Hornee hasta que los panes estén dorados y suenen huecos cuando los golpee. Rápidamente, desmolde; enfríe sobre rejillas de alambre.

Rinde 2 barras

Pan Básico de Levadura

1 **taza de leche**
1 **cucharadita de sal**
1 **huevo**
2 **cucharadas de mantequilla sin sal, suavizada**
3 ¼ **tazas de harina de trigo**
1 **cucharada de azúcar**
2 **cucharaditas de levadura activa seca**

Mida todos los ingredientes cuidadosamente; coloque en el molde de una máquina para pan, tal como especifica el manual del usuario. Programe el ciclo para amasar; presione el botón de inicio.

Rinde 2 barras

Delicioso Pan de Caja: Prepare la pasta de Pan Básico de Levadura como se indica arriba. Engrase un molde para pan de 23×13 cm. Mezcle 1 cucharada de albahaca seca, de tomillo y de salvia frotada en un recipiente pequeño. Coloque la pasta en una superficie enharinada. Divida la pasta en 16 piezas iguales. Forme una pelota con cada pieza. Cubra con una toalla limpia; deje reposar durante 5 minutos.

Aplane cada bola hasta formar un óvalo de 10×7.5 cm. Cubra ligeramente ambos lados de la pasta con aceite de oliva. Espolvoree un lado de cada óvalo con ½ cucharadita de mezcla de hierbas. Pare el molde sobre su lado corto. Coloque en el molde una pieza de la pasta, con el lado cubierto de hierbas hacia abajo. Coloque las 15 piezas restantes de pasta en el molde, de modo que los lados cubiertos con hierbas toquen los lados de la pasta no cubiertos. Cubra con una toalla; deje reposar en un lugar tibio durante 45 minutos.

Caliente el horno a 190 °C. Hornee por 35 minutos o hasta que la superficie del pan esté dorada. Inmediatamente, retire el pan del molde y enfríe sobre una rejilla de alambre. Rinde 1 barra.

Arriba:
Delicioso Pan de Caja

Focaccia al Pesto

Tiempo de Preparación y Cocción: 20 *minutos*

1 lata (285 g) de pasta para pizza
2 cucharadas de pesto preparado
4 tomates deshidratados en aceite, escurridos

1. Caliente el horno a 220 °C. Engrase ligeramente un molde de 20×20×5 cm. Desenrolle la pasta para pizza; dóblela por la mitad y colóquela en el molde.

2. Esparza el pesto sobre la pasta. Corte los tomates; póngalos sobre el pesto. Presione los tomates sobre la pasta. Haga huecos en la pasta, a cada 5 cm, con el mango de una cuchara de madera.

3. Hornee de 10 a 12 minutos o hasta que dore. Corte en cuadrados y sirva caliente o a temperatura ambiente. *Rinde 16 entremeses*

Pan de Maíz a la Mexicana

Tiempo de Preparación: 10 *minutos*   **Tiempo de Cocción:** 20 *minutos*

115 g de queso con jalapeños, en cuadritos
2 cucharadas de leche
1 huevo batido
1 paquete (240 g) de mezcla para muffins de maíz

• Caliente el horno a 180 °C.

• Revuelva el queso y la leche en una cacerola a fuego bajo hasta que el queso se derrita. Agregue el huevo con la mezcla para pan de maíz, revolviendo justo hasta que se humedezca. Vierta sobre un molde cuadrado, engrasado, de 20 cm.

• Hornee durante 20 minutos. *Rinde de 6 a 8 porciones*

Variante: Sustituya el queso con jalapeños por el de su preferencia.

Derecha:
Focaccia al Pesto

Muffins de Naranja y Arándanos

1 paquete de mezcla para muffins con arándanos negros
2 claras de huevo
½ taza de jugo de naranja
1 cucharadita de ralladura de cáscara de naranja

1. Caliente el horno a 200 °C. Engrase moldes para muffin de 6 cm (o use papel). Enjuague en agua fría los arándanos de la mezcla del paquete y escurra.

2. Vacíe la mezcla para muffin en un recipiente. Deshaga los grumos. Agregue las claras de huevo, el jugo de naranja y la cáscara de naranja. Revuelva hasta que se humedezca, aproximadamente 50 batidas. Añada los arándanos a la pasta.

3. Para muffins grandes, rellene los moldes a dos tercios de su capacidad. Hornee a 200 °C de 18 a 21 minutos o hasta que, al insertar en el centro un palillo, éste salga limpio. (Para muffins medianos, rellene los moldes a la mitad. Hornee a 200 °C de 16 a 19 minutos o hasta que, al insertar en el centro un palillo, éste salga limpio.) Enfríe en el molde de 5 a 10 minutos. Con cuidado, afloje los muffins antes de desmoldar. Deje enfriar en rejillas de alambre. Sirva calientes o fríos.

Rinde 8 muffins grandes o 12 medianos

Consejo Rápido

Para rellenar rápida y fácilmente los moldes para muffin, coloque la pasta en una taza medidora. Rellene cada molde a ¾ partes de su capacidad. Utilice una espátula para controlar el flujo de la pasta.

Derecha:
Muffins de Naranja y Arándanos

Rollos Estilo Francés

4 cucharadas de mantequilla o margarina
1 cucharada de salsa teriyaki
¼ de cucharadita de ajo en polvo
4 rollos franceses

Combine la mantequilla, la salsa teriyaki y el ajo en polvo en una cacerola pequeña con asa resistente al calor; caliente sobre la parrilla hasta que la mantequilla se derrita. Rebane cada rollo por la mitad a lo largo. Coloque los rollos, con el corte hacia abajo, sobre la parrilla, de 7.5 a 10 cm del carbón; caliente durante unos 2 minutos o hasta que estén dorados. Unte mantequilla sobre cada rollo de pan tostado.

Rinde 4 porciones

Anillo Esponjoso de Canela

Tiempo de Preparación y Cocción: *30 minutos*

¼ **de taza de azúcar**
½ **cucharadita de canela molida**
1 **lata (315 g) de pasta para pan francés, refrigerada**
1 ½ **cucharadas de margarina o mantequilla derretida**

1. Caliente el horno a 180 °C. Engrase un molde para rosca de 23 cm. Mezcle el azúcar y la canela en un recipiente pequeño.

2. Corte la pasta en 16 rebanadas; forme bolitas. Acomode 12 bolitas espaciadas contra la pared externa del molde. Acomode espaciadas las 4 bolas restantes contra la pared interna del molde. Barnice con margarina. Espolvoree con la mezcla de azúcar.

3. Hornee de 20 a 25 minutos o hasta que esté dorado. Sirva caliente.

Rinde 8 porciones

Consejo Rápido

Prepare los bollos de canela u otra repostería, cúbralos y refrigérelos toda la noche. Hornee en la mañana para un delicioso platillo.

Gannat (Pan Francés de Queso)

3 **cucharadas de agua**
1 **cucharadita de sal**
2 **huevos**
¼ **de taza de mantequilla o margarina suavizada**
2 ½ **tazas de harina de trigo**
1 **cucharadita de azúcar**
1 **taza (120 g) de queso suizo o cheddar rallado**
2 **cucharaditas de levadura activa seca**

Mida todos los ingredientes cuidadosamente; coloque en una máquina para pan siguiendo las instrucciones del manual del usuario. Programe el ciclo básico y decida el tipo de corteza; presione el botón de inicio. No utilice ciclos de retardo. Desmolde el pan horneado; deje enfriar.

Rinde 1 barra (de 675 g) (de 12 a 16 porciones)

Derecha:
Anillo Esponjoso de Canela

Muffins de Arándanos y Queso

Arriba:
*Muffins de
Arándanos y
Queso*

1 paquete (90 g) de queso crema suavizado
4 cucharadas de azúcar
1 taza de leche baja en grasa
⅓ de taza de aceite vegetal
1 huevo
1 paquete (de unos 435 g) de mezcla rápida de pan de arándanos rojos

1. Caliente el horno a 200 °C. Engrase 12 moldes para muffin.

2. Bata el queso crema y 2 cucharadas de azúcar en un recipiente pequeño hasta que se integren.

3. Mezcle la leche, el aceite y el huevo en un recipiente grande hasta integrar. Agregue la mezcla de pan y mueva justo hasta que los ingredientes se humedezcan.

4. Rellene los moldes a ¼ de su capacidad con la pasta. Sirva 1 cucharada de la mezcla de queso crema en el centro de cada molde. Sirva el resto de la pasta sobre la mezcla de queso.

5. Espolvoree la pasta con el azúcar restante. Hornee de 17 a 22 minutos o hasta que estén dorados. Deje enfriar por 5 minutos. Retire de los moldes y póngalos en rejillas de alambre para que se enfríen.   *Rinde 12 muffins*

Tréboles con Miel

1 paquete (450 g) de mezcla para rollo
6 cucharadas de miel
¼ de taza de mantequilla o margarina
1 cucharadita de ralladura de cáscara de limón
1 taza de almendras rebanadas

Prepare la mezcla para rollo en un recipiente siguiendo las instrucciones, agregando 2 cucharadas de miel al líquido. Cubra la pasta y deje reposar durante 5 minutos. Derrita la mantequilla en una cacerola a fuego medio. Agregue la miel restante; añada la cáscara de limón.

Forme con la pasta 36 bolitas (de 2.5 a 3 cm de diámetro). Haga grupos de 3 bolitas; sumerja cada grupo en la mezcla de miel y luego en las almendras. Coloque cada una en un molde engrasado. Cubra y coloque en un lugar caliente hasta que duplique su volumen. Hornee a 180 °C hasta que estén un poco dorados. Unte con la mezcla de miel restante, si lo desea. Retire del molde y enfríe ligeramente. Sirva calientes o fríos. *Rinde 1 docena de rollos*

Variante: La pasta puede ser sumergida en la mezcla de miel y luego en perejil picado, romero u otra hierba fresca.

Bollos de Canela y Nuez

¹⁄₃ de taza de margarina
¹⁄₂ taza de azúcar morena
¹⁄₂ taza de nueces picadas
1 cucharadita de canela molida
1 paquete (510 g) de bollos refrigerados (8 bollos grandes)

1. Derrita la margarina en un molde redondo para hornear de 23 cm.

2. Revuelva el azúcar, las nueces y la canela en un recipiente pequeño; espolvoree sobre la margarina. Acomode los bollos en el molde de modo que se toquen en los lados (los bollos entrarán ajustados en el molde).

3. Hornee a 180 °C de 25 a 30 minutos o hasta que los bollos estén dorados y el centro esté bien cocido. Inmediatamente, voltee el molde en un plato para mesa. Esparza los residuos del molde sobre los bollos. Sirva calientes.

Rinde 8 bollos

Abajo:
Bollos de Canela y Nuez

Panqué de Chispas de Chocolate y Coco

1 paquete de mezcla para muffin de chispas de chocolate
1 ⅓ tazas de coco rallado tostado (ver Consejo abajo)
1 huevo
¾ de taza de agua
½ cucharadita de extracto de vainilla
Azúcar glass para adornar (opcional)

1. Caliente el horno a 180 °C. Engrase y enharine un molde para pan de 23×13×7 cm.

2. Coloque la mezcla para muffin en un recipiente mediano. Deshaga los grumos. Agregue el coco, el huevo, el agua y el extracto de vainilla. Revuelva hasta que se humedezca, aproximadamente 50 batidas. Vierta en el molde. Hornee a 180 °C de 45 a 50 minutos o hasta que, al insertar en el centro un palillo, éste salga limpio. Enfríe en el molde durante 15 minutos. Cambie a una rejilla para enfriar. Voltéelo hacia arriba. Enfríe completamente. Espolvoree con azúcar glass, si lo desea. *Rinde 1 panqué (12 rebanadas)*

Consejo: Esparza el coco sobre una charola para hornear. Deje tostar a 180 °C durante 5 minutos. Revuelva y tueste de 1 a 2 minutos más o hasta que se dore.

Biscuits Campestres

2 tazas de harina de trigo
1 cucharada de polvo para hornear
½ taza de aderezo tipo Ranch para ensaladas
½ taza de leche de mantequilla (leche mazada)

Caliente el horno a 220 °C. En un recipiente pequeño, cierna juntos la harina y el polvo para hornear. Haga un hueco en la mezcla de harina; agregue el aderezo y la leche. Revuelva con un tenedor hasta que la pasta forme una bola. Vierta cucharadas de la masa sobre una charola para hornear sin engrasar. Hornee hasta que doren un poco, de 12 a 15 minutos. *Rinde 12 biscuits*

Pretzels Suaves

1 paquete (450 g) de mezcla para rollo más los ingredientes para
     preparar la mezcla
1 clara de huevo
2 cucharaditas de agua
2 cucharadas de las siguientes cubiertas: queso parmesano rallado,
     ajonjolí, adormidera, orégano seco

1. Prepare la mezcla para rollo siguiendo las instrucciones del paquete.

2. Caliente el horno a 190 °C. Rocíe las charolas para hornear con aceite en aerosol.

3. Divida la pasta en 16 piezas iguales; enrolle cada pieza con las manos para formar una cuerda de 18 a 25 cm de largo. Coloque sobre las charolas preparadas; forme la figura que desee (corazones, coronas, palitos, trenzas, caracoles, etc.).

4. Bata las claras de huevo y el agua en un recipiente pequeño hasta que estén espumosas. Barnice las figuras de pasta con la mezcla; espolvoree cada figura con 1½ cucharaditas de la cubierta que elija.

5. Hornee hasta que doren, durante unos 15 minutos. Sirva calientes o a temperatura ambiente.   *Rinde 8 porciones*

Trenzas de Fruta: Omita las cubiertas. Prepare la masa y las cuerdas como se indica. Colóquelas en una superficie enharinada. Forme con cada cuerda un rectángulo de 1.5 cm de grosor; barnice cada uno con 1 cucharadita de mermelada. Doble cada rectángulo por la mitad a lo largo; tuérzalo para darle la forma deseada. Hornee como se indica.

Trenzas de Queso: Omita las cubiertas. Prepare la masa y las cuerdas como se indica. Colóquelas en una superficie enharinada. Forme con cada cuerda un rectángulo de 1.5 cm de grosor. Espolvoree cada rectángulo con 1 cucharada de queso chedar rallado u otro tipo de queso. Doble cada rectángulo por la mitad a lo largo; tuérzalo para darle la forma deseada. Hornee como se indica.

Derecha:
Pretzels Suaves

Bollos de Canela y Miel

¼ **de taza de mantequilla o margarina suavizada**
½ **taza de miel**
¼ **de taza de nueces picadas y tostadas**
2 **cucharaditas de canela molida**
450 g **de pasta para pan (1 barra), descongelada como indica el paquete**
⅔ **de taza de uvas pasa**

Engrase 12 moldes para muffin con 1 cucharada de mantequilla. Para preparar la cubierta de miel y nuez, revuelva 1 cucharada de mantequilla, ¼ de taza de miel y las nueces picadas. Coloque 1 cucharadita de la cubierta sobre cada molde. Para preparar el relleno, mezcle la mantequilla y la miel restantes, y la canela. Con el rodillo, extienda la pasta para pan sobre una superficie enharinada para formar un rectángulo de 24×20 cm. Esparza el relleno sobre la pasta. Espolvoree con las uvas pasa. Empezando por el lado largo, ruede la pasta para formar un tronco. Corte el tronco en 12 rebanadas (de 3 cm de ancho). Coloque 1 rebanada, con el lado cortado hacia arriba, en cada molde preparado. Ponga los moldes en un lugar caliente; deje que la pasta levante durante 30 minutos. Transfiera los moldes a una charola para hornear forrada con papel de aluminio. Hornee a 180 °C durante 20 minutos o hasta que los bollos estén dorados. Retire del horno; enfríe en el molde por 5 minutos. Voltee el molde para retirar los bollos.

Rinde 12 bollos

Derecha:
Bollos de Canela y Miel

Rollos Crujientes de Cebolla

Tiempo de Preparación: 15 *minutos*   **Tiempo de Cocción:** 15 *minutos*

1 lata (225 g) de rollos refrigerados
1 ⅓ tazas de cebollas fritas a la francesa, ligeramente machacadas
1 huevo batido

Caliente el horno a 180 °C. Forre una charola grande con papel de aluminio. Corte los rollos refrigerados en 8 triángulos. Espolvoree el centro de cada triángulo con 1 ½ cucharadas de cebollas fritas. Enrolle los triángulos desde el lado corto, a manera de "niño envuelto". Retire el exceso de cebolla.

Acomode los rollos sobre la charola preparada. Barnice con el huevo batido. Hornee durante 15 minutos o hasta que estén dorados y crujientes. Transfiera a una charola; enfríe ligeramente.   *Rinde 8 porciones*

Abajo:
Muffins Sureños

Derecha:
Rollos Crujientes de Cebolla

Muffins Sureños

2 ½ tazas de harina de trigo
¼ de taza de azúcar
1 ½ cucharadas de polvo para hornear
¾ de taza de mantequilla fría
1 taza de leche fría

Caliente el horno a 200 °C. Engrase 12 moldes para muffin de 6 cm. (Estos muffins se doran mejor de los lados y del fondo cuando se hornean sin moldes de papel.)

Combine la harina, el azúcar y el polvo para hornear en un molde grande. Corte la mantequilla con la batidora hasta que la mezcla parezca alimento espeso. Agregue y revuelva la leche justo hasta que la mezcla de harina esté húmeda. Sirva en los moldes preparados.

Hornee durante 20 minutos o hasta que se doren. Desmolde. Deje enfriar.   *Rinde 12 muffins*

Tortas y Pays

Derecha:
*Torta de Fresas y
Arándanos (receta
en página 316)*

Gánese a su familia con sorprendentes tortas y pays que parecen

haber requerido mucho tiempo en su preparación, pero en los que

sólo se invirtieron unos minutos. O lleve alguna de estas delicias a

una fiesta o a un acontecimiento especial. Seguramente, será el

centro de atención entre los demás postres.

Pay de Queso y Limón con Cerezas

Tiempo de Preparación: 10 *minutos*   **Tiempo de Enfriamiento:** 3 *horas*

1 paquete (225 g) de queso crema suavizado
1 lata (400 g) de leche condensada (no evaporada)
⅓ de taza de jugo de limón concentrado
1 cucharadita de extracto de vainilla
1 base de galleta para pay (de 180 g)
1 lata (600 g) de relleno de cereza, frío

1. En un recipiente grande, bata el queso crema hasta que esté esponjoso. Gradualmente, agregue y bata la leche hasta suavizar. Agregue la vainilla. Vierta sobre la base. Deje enfriar durante 3 horas por lo menos.

2. Para servir, cubra con el relleno de cereza. Guarde, tapado, en el refrigerador.

Rinde de 6 a 8 porciones

Nota: Para obtener una base más firme, barnícela con clara de huevo ligeramente batida; hornee a 190 °C durante 5 minutos. Enfríe antes de verter el relleno.

Consejo Rápido

Si olvidó sacar el helado del congelador para suavizarlo, coloque el recipiente de 470 ml de helado, bien empacado, en el horno de microondas y caliente a temperatura **MEDIA** *(50% de potencia) durante unos 10 segundos o hasta que se suavice.*

Derecha:
Pay de Queso y Limón con Cerezas

Pay para Fiesta

Tiempo de Preparación: 10 *minutos*   **Tiempo de Refrigeración:** 2½ *horas*

1 ¼ tazas de agua hirviente
1 paquete (para 4 porciones) de gelatina de cualquier sabor
470 ml (2 tazas) de helado (de cualquier sabor), suavizado
1 base de galleta de trigo para pay (180 g)

VIERTA el agua sobre la gelatina en un recipiente grande; mueva durante 2 minutos por lo menos, hasta disolver completamente. Agregue el helado hasta que se derrita y se suavice. Refrigere de 15 a 20 minutos o hasta que la mezcla esté espesa y se haga un montículo. Vierta sobre la base.

REFRIGERE por 2 horas o hasta que esté firme.

Rinde 8 porciones

Pay de Limonada

Tiempo de Preparación: *10 minutos*

1 lata (180 g) de limonada congelada *o* limonada rosa concentrada,
    parcialmente descongelada
470 ml (2 tazas) de helado de vainilla, suavizado
1 tubo (225 g) de crema batida, descongelada
1 base de galleta de trigo para pay (180 g *o* de 23 cm)

BATA la limonada en un recipiente grande, con la batidora eléctrica a velocidad baja, durante 30 segundos. Incorpore el helado; bata hasta que esté bien integrado. Con cuidado, agregue la crema batida hasta que suavice. Congele, si es necesario, hasta que la mezcla forme un montículo. Coloque sobre la base.

CONGELE durante 4 horas o por toda la noche. Deje reposar a temperatura ambiente durante 15 minutos o hasta que se pueda cortar fácilmente. Adorne con más crema batida, rebanadas de limón y hojas de menta fresca, si lo desea.

Rinde 8 porciones

Consejo Rápido

Para partir el pay con facilidad, sumerja el molde en agua caliente, justo hasta la orilla, durante 30 segundos, para suavizar un poco la base. Corte y sirva.

Derecha (en el sentido de las manecillas del reloj, desde arriba): *Pay de Limonada, Pay Veraniego de Limón (página 308) y Pay Congelado de Yogur y Fresas*

Pay Congelado de Yogur y Fresas

2 envases (de 225 g) de yogur de vainilla o fresa
1 tubo (225 g) de crema batida descongelada
2 tazas de fresas endulzadas picadas
1 base de galleta de trigo para pay (180 g)

MEZCLE el yogur y la crema batida hasta que se integren. Agregue las fresas. Coloque sobre la base.

CONGELE durante 4 horas o por toda la noche hasta que esté firme. Deje reposar en el refrigerador por 15 minutos o hasta que el pay se pueda cortar con facilidad.

ADORNE con crema batida y fresas enteras, si lo desea. Guarde el sobrante en el congelador.

Rinde 8 porciones

Pay Cremoso de Plátano

1 paquete (57 g) de pudín instantáneo de vainilla sin azúcar y relleno para pay
2¾ tazas de leche baja en grasa
4 plátanos medianos maduros, rebanados
1 base de galleta de trigo para pay (de 23 cm)
1 plátano firme, mediano (opcional)
Cubierta de crema batida, descongelada (opcional)

• **Prepare** el pudín como se indica en el paquete, usando 2¾ tazas de leche. Agregue los plátanos rebanados.

• **Sirva** la mezcla de plátano sobre la base para pay. Coloque una envoltura de plástico sobre el pay, presionando un poco para cubrir el relleno. Deje enfriar hasta que el relleno esté listo. Retire la envoltura de plástico.

• **Corte** el plátano firme en rebanadas de 1.5 cm. Adorne el pay con crema batida y rebanadas de plátano.

Rinde 8 porciones

Pay de Chocolate Satinado

1½ tazas (360 g) de leche evaporada sin diluir
2 yemas de huevo
2 tazas (360 g) de trocitos de chocolate semiamargo
1 base de chocolate de 20 cm (180 g)
Crema batida y nueces picadas (opcional)

BATA la leche evaporada y las yemas de huevo en una cacerola de 2 litros. Caliente a fuego medio-bajo, revolviendo ocasionalmente, hasta que la mezcla espese un poco; no deje que hierva. Retire del fuego; incorpore los trocitos de chocolate y mueva hasta que el chocolate se derrita y la mezcla esté suave.

VIERTA sobre la base, congele hasta que esté firme. Cubra con crema batida y espolvoree con nueces.

Rinde 10 porciones

Derecha:
Pay Cremoso de Plátano

Pay Selva Negra

1 tubo (225 g) de crema batida, descongelada
1 base de galleta de trigo (180 g)
1 taza de leche fría
1 paquete (para 4 porciones) de pudín de chocolate y relleno para pay
1 taza de relleno de cereza para pay

DISTRIBUYA 1 taza de crema batida en el centro de la base.

VIERTA la leche en un recipiente mediano. Agregue el pudín. Bata con batidor metálico por 2 minutos. Añada 1½ tazas de crema batida. Coloque sobre la crema del centro de la base.

INCORPORE el resto de la crema en la mezcla de pudín, dejando libres 2.5 cm de la orilla y haciendo un hundimiento en el centro de la crema. Ponga el relleno de cereza en el centro del pay.

REFRIGERE por 2 horas o hasta que esté listo.
Rinde 8 porciones

Pay de Pudín y Helado

Tiempo de Preparación: 10 *minutos*   **Tiempo de Refrigeración:** 2 *horas*

1 taza de leche fría
1 taza de helado (de cualquier sabor), suavizado
1 paquete (para 4 porciones) de pudín instantáneo y relleno para pay, de cualquier sabor
1 base de galleta de trigo para pay (180 g)

REVUELVA la leche y el helado en un recipiente grande. Agregue el pudín. Bata con batidora eléctrica a la velocidad más lenta. Vierta de inmediato sobre la base.

REFRIGERE durante 2 horas o hasta que esté listo.
Rinde 8 porciones

Derecha:
Pay Selva Negra

Pay de Nuez y Caramelo

    3 huevos
   ²/₃ de taza de azúcar
    1 taza (360 g) de cubierta de caramelo
   ¹/₄ de taza de mantequilla o margarina derretida
 1 ¹/₂ tazas de mitades de nueces
    1 base para pay sin hornear (de 23 cm)

En un recipiente, bata ligeramente los huevos con un tenedor. Agregue el azúcar; revuelva hasta que se disuelva. Revuelva la cubierta y la mantequilla; mezcle bien. Añada las mitades de nueces. Vierta el relleno en la base para pay.

Hornee a 180 °C durante 45 minutos o hasta que, al insertar cerca del centro un cuchillo, éste salga limpio. Enfríe sobre una rejilla antes de servir. Cubra y guarde en el refrigerador.   *Rinde de 6 a 8 porciones*

Derecha:
*Pay de Nuez y
Caramelo*

Pay Cremoso de Chocolate

Tiempo de Preparación: *10 minutos*   **Tiempo de Refrigeración:** *4 horas*

 1 ³/₄ tazas de leche fría
    2 paquetes (para 4 porciones) de pudín instantáneo de chocolate y
       relleno para pay
    1 tubo (225 g) de crema batida, descongelada
    1 base de galleta de chocolate (180 g)

VIERTA la leche en un recipiente grande. Agregue el pudín. Bata con la batidora hasta que esté bien mezclado. (La mezcla quedará espesa.) De inmediato, añada la crema batida. Vierta sobre la base.

REFRIGERE durante 4 horas o hasta que esté listo. Adorne a su gusto.
                                                      Rinde 8 porciones

Arriba:
*Pay Cremoso de
Chocolate*

Pay Veraniego de Limón

1 paquete (para 4 porciones) de gelatina de limón
²/₃ de taza de agua hirviente
¹/₂ cucharadita de ralladura de cáscara de limón
3 cucharadas de jugo de limón
¹/₂ taza de agua fría
Cubitos de hielo
1 tubo (225 g) de crema batida, descongelada
1 base de galleta de trigo para pay (180 g)
Rebanadas de limón, cortadas en cuartos (opcional)

DISUELVA la gelatina completamente en el agua hirviente, en un recipiente grande. Agregue la cáscara y el jugo de limón. Revuelva el agua fría y hielo para obtener 1¼ tazas. Añada la gelatina; revuelva hasta que el hielo se derrita.

AGREGUE y bata la crema batida con un batidor hasta suavizar. Refrigere de 10 a 15 minutos o hasta que espese y se forme un montículo. Vierta sobre la base.

REFRIGERE durante 2 horas o hasta que esté firme. Adorne con más crema batida y rebanadas de limón, si lo desea. Guarde el pay en el refrigerador.

Rinde 8 porciones

Bocadillos Angelicales de Limón

1 paquete (450 g) de mezcla para torta de vainilla
2 gotas de colorante vegetal verde (opcional)
2 envases (225 g) de yogur sin grasa ni azúcar, sabor a limón
   Rebanadas de limón (opcional)

1. Caliente el horno a 180 °C. Forre dos moldes de 43×23×2.5 cm con papel pergamino o papel encerado.

2. Prepare la mezcla para torta siguiendo las instrucciones del paquete. Divida la pasta entre los moldes preparados. Pase un cuchillo sobre la pasta para eliminar las burbujas de aire. Hornee durante 12 minutos o hasta que las tortas estén ligeramente doradas y que, al insertar en el pan un palillo, éste salga limpio.

3. Transfiera cada torta a una toalla limpia. Empezando por el lado corto, enrolle la torta caliente, a manera de "niño envuelto", con una toalla dentro. Deje enfriar las tortas completamente.

4. Coloque 1 o 2 gotas de colorante en cada envase de yogur, si lo desea; revuelva bien. Desenrolle la torta; retire la toalla. Esparza en cada torta el contenido de 1 envase de yogur, dejando libres 2.5 cm de la orilla. Enrolle la torta; colóquela hacia abajo. Rebane cada torta en 8 piezas. Adorne con rebanadas de limón, si lo desea. Sirva inmediatamente o refrigere.

Rinde 16 porciones

Abajo:
Bocadillos Angelicales de Limón

Pastelillos con Almendras

1 paquete de mezcla para torta de vainilla
1 ¼ tazas de agua
2 cucharaditas de extracto de almendras
1 envase de betún de vainilla con cereza

Caliente el horno a 180 °C.

Combine la mezcla para torta, el agua y el extracto de almendras en un recipiente grande. Bata con la batidora eléctrica a velocidad baja hasta humedecer. Bata a velocidad media durante 1 minuto. Forre moldes medianos para muffin con papel para hornear. Rellene los moldes a dos tercios de su capacidad. Hornee de 20 a 25 minutos o hasta que doren. Desmolde. Enfríe completamente. Adorne con el betún. *Rinde de 30 a 32 pastelillos*

Torta de Crema con Doble Chocolate

1 paquete de mezcla para torta de mantequilla y chocolate espeso
1 sobre de mezcla de crema batida para cubrir
½ taza de jarabe de chocolate
Cerezas marrasquino con tallo, para adornar

Caliente el horno a 180 °C. Engrase y enharine un molde de 33×23 cm.

Prepare, hornee y enfríe la torta como se indica en las instrucciones del paquete.

Prepare la mezcla de crema batida siguiendo las instrucciones. Agregue el jarabe de chocolate hasta que se integre. Refrigere hasta que esté listo para servir.

Para servir, sirva la cubierta sobre las rebanadas de torta. Adorne con las cerezas. *Rinde de 12 a 16 porciones*

Consejo: Para una mejor consistencia, enfríe el jarabe de chocolate antes de usarlo.

Derecha:
Pastelillos con Almendras

Rollos de Arándano

1 paquete de mezcla para torta de vainilla
¼ de taza de azúcar glass, más otro tanto para espolvorear
1 lata (600 g) de relleno de arándano para pay
Hojas de menta para adornar (opcional)

Caliente el horno a 180 °C. Forre dos moldes de 39×27×2.5 cm con papel de aluminio. Prepare la mezcla para torta como se indica en el paquete. Divida y esparza la mezcla en los moldes. Corte la pasta con un cuchillo o con una espátula para eliminar las burbujas de aire. Hornee durante 15 minutos o hasta que estén listas. Coloque las tortas sobre sendas toallas de cocina limpias, espolvoreadas con azúcar. Retire con cuidado el aluminio. Enrolle cada torta con la toalla, a manera de "niño envuelto", empezando por el extremo corto. Deje enfriar completamente.

Desenrolle las tortas. Esparza 1 taza de relleno de arándano en cada torta, dejando libres 2.5 cm de la orilla. Vuelva a enrollar y coloque, hacia abajo, sobre un plato de mesa. Espolvoree con ¼ de taza de azúcar. Adorne con hojas de menta, si lo desea.   *Rinde 2 tortas (de 8 porciones cada una)*

Bocadillo de Torta de Doble Chocolate

1 paquete de mezcla para torta de chocolate
1 taza de chispas de chocolate blanco
½ taza de chispas de chocolate semiamargo

Caliente el horno a 180 °C. Engrase y enharine un molde de 33×23 cm.

Prepare la mezcla para torta como se indica en el paquete. Revuelva ½ taza de chispas de chocolate blanco con las chispas de chocolate semiamargo. Vierta sobre el molde preparado. Hornee de 35 a 40 minutos o hasta que, al insertar en el centro un palillo, éste salga limpio. Retire del horno; espolvoree la superficie con las chispas de chocolate blanco restantes. Sirva caliente o deje enfriar completamente en el molde.   *Rinde de 12 a 16 porciones*

Panecillos de Jengibre y Manzana

Tiempo de Preparación y Cocción: *20 minutos*

1 **manzana Cortland o Jonathan grande, descorazonada, en cuartos**
1 **paquete (420 g) de mezcla para torta de jengibre**
1 **taza de agua**
1 **huevo**
  Azúcar glass

Instrucciones para Microondas:

1. Engrase ligeramente 10 tazas para natilla (de 180 a 210 ml). Ralle la manzana en el procesador o con un rallador de mano. Combine la manzana, la mezcla para torta, el agua y el huevo en un recipiente mediano; revuelva bien hasta que se integren. Vierta alrededor de ⅓ de taza de la mezcla en cada taza para natilla, hasta la mitad.

2. Acomode 5 tazas en el horno de microondas. Hornee a temperatura ALTA durante 2 minutos. Gire las tazas ½ vuelta. Hornee por 1 minuto más hasta que estén esponjosos y porosos. Enfríe sobre una charola. Repita la operación con los demás panecillos.

3. Para desmoldar, pase un cuchillo por la orilla para aflojar los panecillos mientras aún están calientes. Invierta cada panecillo sobre una tabla para picar y golpee ligeramente hasta que salgan. Coloque cada uno sobre un plato. Cuando estén fríos, espolvoréelos con azúcar glass, si lo desea. Sírvalos calientes o a temperatura ambiente.   *Rinde 10 panecillos*

Consejo para Servir

Para un toque especial, sirva los panecillos con helado de vainilla o crema batida.

Derecha:
Panecillos de Jengibre y Manzana

Torta Selva Negra

    I paquete de mezcla para torta de chocolate oscuro
2 ½ tazas de crema para batir, fría
2 ½ cucharadas de azúcar glass
    I lata (600 g) de relleno para pay de cereza

Caliente el horno a 180 °C. Engrase y enharine dos moldes redondos de 23 cm.

Prepare, hornee y enfríe la torta siguiendo las instrucciones del paquete.

Bata la crema en un recipiente grande hasta que se formen picos. Agregue poco a poco el azúcar.

Para armar, coloque una capa de torta sobre un platón para mesa. Esparza dos tercios del relleno para pay hasta 2.5 cm de la orilla. Esparza encima ½ taza de crema batida. Ponga la otra capa de torta. Cubra los lados y la parte superior con la crema batida restante. Esparza encima el resto del relleno para pay, a 2.5 cm de la orilla. Refrigere hasta que esté listo para servir.

Rinde de 12 a 16 porciones

Consejo: Enfríe el relleno para pay para untarlo fácilmente. También puede adornar la torta con chocolate semiamargo rallado o rizos de chocolate blanco.

Torta de Fresas y Arándanos

    I paquete de mezcla para torta de fresa
  ⅔ de taza de mermelada de fresa
2 ½ tazas de arándanos frescos, enjuagados y escurridos
    I envase (225 g) de crema batida descongelada
       Rebanadas de fresas frescas para adornar

1. Caliente el horno a 180 °C. Engrase y enharine dos moldes redondos de 23 cm.

2. Prepare, hornee y enfríe la torta siguiendo las instrucciones del paquete.

3. Coloque una capa de torta sobre un plato para mesa. Esparza ⅓ de taza de mermelada de fresa. Acomode 1 taza de arándanos sobre la mermelada. Esparza la mitad de la crema batida a 1.5 cm de la orilla de la torta. Coloque encima la segunda capa de torta. Repita con la mermelada de fresa restante, 1 taza de arándanos y la crema batida restante. Adorne con rebanadas de fresa y los arándanos restantes. Refrigere hasta que esté lista para servir.

Rinde 12 porciones

Pastelillos de Chocolate con Dulces

1 paquete de mezcla para brownies de doble chocolate
2 huevos
⅓ de taza de agua
¼ de taza de aceite vegetal
30 tacitas de dulce de mantequilla de cacahuate (maní)

Caliente el horno a 180 °C. Coloque 30 moldes de aluminio para muffin (de 5 cm) o charolas para galleta.

Combine la mezcla para brownies, el chocolate espeso de la mezcla, los huevos, el agua y el aceite en un recipiente grande. Revuelva con cuchara hasta integrar, unas 50 batidas. Coloque 2 cucharadas rasas de la pasta en cada molde de aluminio. Hornee durante 10 minutos. Retire del horno. Hunda 1 tacita de dulce de mantequilla con cacahuate en el centro de cada pastelillo, hasta que esté al ras de la superficie del pastelillo. Hornee de 5 a 7 minutos o hasta que el chocolate se suavice. Retire y deje enfriar. Deje enfriar completamente.

Rinde 30 pastelillos de chocolate

Consejo Audaz

Para mejores resultados, corte los pastelillos con un cuchillo de sierra; limpie la hoja del cuchillo después de cada corte.

Abajo:
Pastelillos de Chocolate con Dulces

Torta Aventada

1 lata (570 g) de piña machacada en almíbar, escurrida
1 lata (600 g) de relleno de cereza para pay
1 paquete de mezcla para torta amarilla
1 taza de nueces picadas
½ taza (1 barra) de mantequilla o margarina, cortada en rebanadas delgadas

Caliente el horno a 180 °C. Engrase un molde de 33×23 cm.

Arroje la piña con el almíbar en un molde. Espárzala uniformemente. Arroje el relleno para pay. Esparza en forma homogénea. Espolvoree la mezcla sobre la capa de cerezas. Espolvoree las nueces sobre la mezcla. Salpique con mantequilla. Hornee durante 50 minutos o hasta que esté ligeramente dorado. Sirva caliente o a temperatura ambiente. *Rinde de 12 a 16 porciones*

Consejo: Puede utilizar otro tipo de torta en lugar de la torta amarilla.

Derecha:
Torta Aventada

Bizcocho San Patricio en Capas

1 torta en forma de barra, parcialmente descongelada
Gotas de colorante vegetal verde (opcional)
1 envase (225 g) de crema batida (3½ tazas), descongelada
1 barra de chocolate con menta (210 g), picada

Con un cuchillo de sierra, rebane la torta horizontalmente en cuatro capas. Agregue el colorante verde en la crema batida, si lo desea; añada el chocolate. Coloque la capa inferior de la torta en un plato para mesa; esparza aproximadamente 1 taza de mezcla de cubierta sobre la capa. Repita las capas, para terminar con la mezcla de cubierta. Tape y refrigere. Adorne al gusto. Refrigere la torta sobrante. *Rinde de 8 a 10 porciones*

Arriba:
Bizcocho San Patricio en Capas

Pay de Queso Esponjoso

Tiempo de Preparación: 15 *minutos*

1 paquete (225 g) de queso crema suavizado
⅓ de taza de azúcar
1 tubo (225 g) de crema batida descongelada
1 base de galleta de trigo para pay (de 180 g *o* de 23 cm)

BATA el queso crema y el azúcar en un recipiente grande con la batidora eléctrica a velocidad alta hasta suavizar. Con cuidado, agregue la crema batida. Vierta sobre la base.

REFRIGERE durante 3 horas o hasta que esté listo. Adorne a su gusto.

Rinde 8 porciones

Pay de Queso Esponjoso con Cereza: Prepare y refrigere como se indica. Vierta 1½ tazas de relleno de cereza para pay sobre la base.

Pay de Queso Esponjoso con Arándanos: Bata 1 taza de salsa de arándanos con el queso crema. Prosiga como se indica.

Pay de Queso Esponjoso con Calabaza: Aumente el azúcar a ½ taza. Agregue y bata 1 lata de calabaza y ½ cucharadita de especias para pay de calabaza con el queso. Prosiga como se indica.

Pay de Queso Esponjoso con Nueces y Caramelo: Bata el queso y el azúcar en un recipiente grande con la batidora hasta suavizar. Con cuidado, añada la crema batida. Sirva 1 taza de mezcla de queso sobre la base; espárzala homogéneamente. Cubra con ⅓ de taza de cubierta de caramelo y ¼ de taza de nueces tostadas; esparza de manera uniforme. Corone con la mezcla de queso restante. Refrigere durante 3 horas o hasta que esté listo. Adorne con más cubierta de caramelo, crema batida y nueces.

Derecha:
Pay de Queso Esponjoso

Torta Ensueño de Chocolate

1 paquete de mezcla para torta de chocolate espeso
1 paquete (de 180 g) de chispas de chocolate semiamargo
1 envase (de 225 g) de crema batida descongelada
1 envase de betún de chocolate de leche
3 cucharadas de pistaches tostados, finamente picados

1. Caliente el horno a 180 °C. Engrase y enharine dos moldes redondos de 23 cm.

2. Prepare, hornee y enfríe la torta como se indica en el paquete para la receta básica.

3. Para los adornos de corazones de chocolate, esparza una capa de .3 cm de chocolate derretido sobre una charola para hornear forrada con papel encerado. Corte las figuras con un cortador de galletas cuando el chocolate empiece a endurecerse. Refrigere hasta que estén firmes. Saque las figuras de corazón.

4. Para armar, corte horizontalmente cada capa de torta por la mitad. Coloque una capa de torta en un platón para mesa. Esparza una tercera parte de la crema batida en la superficie. Repita con las demás capas de torta y la crema batida, dejando la superficie sin cubrir. Cubra los lados y la superficie de la torta con betún. Espolvoree encima los pistaches. Coloque los corazones de chocolate presionándolos en la torta. Refrigere hasta que esté listo para servir.

Rinde de 12 a 16 porciones

Torta Ensueño de Chocolate y Fresa: Omita las chispas de chocolate semiamargo y los pistaches picados. Proceda como se indica hasta el paso 2. En un recipiente grande, incorpore 1½ tazas de fresas picadas en la crema batida. Arme como se indica, rellenando la torta con la mezcla de fresa y cubriendo con el betún de chocolate. Adorne con rebanadas de fresa y hojas de menta, si lo desea.

Derecha:
Torta Ensueño de
Chocolate

Postres

Derecha:
Sencillos Bocadillos de Fresa (receta en página 336)

Los postres siempre dan un toque especial a una gran comida. Las frescas sensaciones siempre son una fabulosa manera de rematar un almuerzo veraniego. O cubra un postre delicadamente con una salsa caliente para terminar con una gran cena de invierno. Cualquiera de estos deliciosos platillos hará que todos pidan más.

Peras Escalfadas con Puré de Frambuesa

Tiempo de Preparación: 12 *minutos*   **Tiempo de Horneado:** 25 *minutos*

Tiempo de Enfriamiento: 45 *minutos*

2 peras Bosc o Anjou, maduras y firmes, peladas, en mitades y descorazonadas

1 taza de jugo de uva blanco sin endulzar o vino dulce, como del Rhin o Riesling

1 paquete (360 g) de frambuesas sin endulzar, descongeladas

1 paquete de edulcorante artificial *o* el equivalente de 2 cucharaditas de azúcar

1. Caliente el horno a 180 °C. Para escalfar las peras, colóquelas, con los cortes hacia abajo, en un recipiente hondo para hornear lo suficientemente grande como para que quepan todas las peras en una capa. Vierta encima el jugo de uva. Hornee de 25 a 30 minutos o hasta que las peras se sientan suaves cuando les introduzca un cuchillo, bañando con los jugos cada 10 minutos. Déjelas reposar en los jugos hasta que se enfríen a temperatura ambiente, bañándolas ocasionalmente con los jugos. (Las peras pueden servirse a temperatura ambiente o cubiertas y enfriadas hasta 3 horas antes de servir.)

2. Para preparar el puré, machaque las frambuesas con su jugo en el procesador o en la licuadora. Escurra y elimine las semillas, presionando firmemente para extraer el jugo. Agregue el edulcorante. Acomode las peras sobre los platos para mesa; cubra con el puré. O sirva el puré sobre los platos y cubra con las peras.

Rinde 4 porciones

Derecha:
Peras Escalfadas con Puré de Frambuesa

Parfaits de Brownie con Frambuesa

Tiempo de Preparación: 10 *minutos*

1 caja (285 g) de frambuesas congeladas*
4 brownies grandes, cortados en cubos
470 ml de helado de vainilla o chocolate
4 cucharadas de jarabe de chocolate
2 cucharadas de nueces picadas

*O sustituya por fresas congeladas.

• Descongele las frambuesas siguiendo las instrucciones del paquete.

• Divida la mitad de los cubos de brownie en cuatro vasos de vidrio para helado. Cubra con la mitad del helado y las frambuesas. Repita las capas con los cubos de brownie, el helado y las frambuesas.

• Bañe con jarabe de chocolate; espolvoree con las nueces.

Rinde 4 porciones

Consejo para Servir

La mayoría de los chocolates o salsas de frutas se pueden servir calientes o frías sobre crema fría. Prepárelas con anterioridad, y luego guárdelas tapadas en el refrigerador.

Derecha:
Parfaits de Brownie con Frambuesa

Melón con Frambuesas y Miel

1 taza de yogur natural
2 cucharadas de miel
2 cucharaditas de ralladura de cáscara de naranja
2 melones chinos (cantaloupe) pequeños
2 tazas de frambuesas

1. Mezcle el yogur, la miel y la cáscara de naranja; tape. Refrigere.

2. Corte los melones por la mitad; retire las semillas. Tape; refrigere.

3. Cuando estén listas para servir, coloque las mitades de melones en recipientes individuales; rellene los centros con frambuesas. Espolvoree con el aderezo.

Rinde 4 porciones

Molde Mimosa

1 ½ tazas de agua hirviente
1 paquete (para 8 porciones) de gelatina de limón
2 tazas de club soda o agua seltzer
1 lata (315 g) de gajos de mandarina, escurridos
1 taza de fresas rebanadas

REVUELVA el agua con la gelatina durante 2 minutos por lo menos o hasta que esté completamente disuelta. Refrigere por 15 minutos. Agregue la club soda. Refrigere durante unos 30 minutos o hasta que esté ligeramente espesa (consistencia de claras de huevo sin batir). Revuelva por 15 segundos. Agregue las mandarinas y las fresas. Vierta sobre 6 moldes.

REFRIGERE durante 4 horas o hasta que esté firme. Desmolde.* Adorne a su gusto. Almacene los restos de gelatina en un molde dentro del refrigerador.

Rinde 12 porciones

__Para Desmoldar:__ Sumerja el molde en agua tibia durante 15 minutos. Jale la gelatina por las orillas con los dedos húmedos. Coloque un plato húmedo sobre el molde. Voltéelos juntos; sacuda ligeramente para aflojar. Con cuidado, retire el molde y centre la gelatina en el plato.

Derecha:
Molde Mimosa

Fresas Cubiertas con Chocolate

3 tablillas (de 30 g cada una) de chocolate semiamargo
2 cucharadas de margarina
1 cucharada de licor de café (opcional)
6 a 8 fresas grandes con cáliz

Instrucciones para Microondas: En un recipiente pequeño para microondas, hornee el chocolate y la mantequilla. Derrita a temperatura ALTA (a toda la potencia) por 1 minuto o hasta que el chocolate se derrita; revuelva para suavizar. Agregue y revuelva el licor. Sumerja las fresas en la mezcla de chocolate; refrigérelas sobre papel encerado hasta que el chocolate esté listo, durante 1 hora por lo menos.

Rinde de 6 a 8 fresas

Arriba:
*Fresas Cubiertas
con Chocolate*

Dip de Chocolate

Tiempo de Preparación: 10 *minutos*

²⁄₃ **de taza de jarabe de maíz, light u oscuro**
½ **taza de crema espesa**
8 **tablillas (de 30 g cada una) de chocolate semiamargo**
Variedad de frutas frescas

1. En una cacerola mediana, mezcle el jarabe y la crema. Ponga a hervir a fuego medio. Retire del fuego.

2. Agregue el chocolate; revuelva hasta que esté completamente derretido.

3. Sirva caliente como dip para la fruta. *Rinde 1½ tazas*

Pruebe algunos de estos acompañamiento: piña cristalizada, duraznos deshidratados, cuadritos de waffle, dedos de novia, cubos de pan, pretzels, croissants, galletas de menta o galletas de crema de cacahuate.

El Dip de Chocolate puede prepararse desde el día anterior. Almacénelo tapado en el refrigerador. Recaliéntelo antes de servir.

Dip en Microondas: En un recipiente mediano para microondas, mezcle el jarabe y la crema. Hornee a temperatura ALTA durante 1½ minutos o hasta que hierva. Agregue el chocolate; revuelva hasta que el chocolate esté completamente derretido. Sirva como se indica.

Nieve de Sandía

4 tazas de sandía, en trozos de 2.5 cm, sin semillas
¼ de taza de jugo de piña concentrado sin endulzar, descongelado
2 cucharadas de jugo de lima fresco
Bolas de melón fresco (opcional)
Hojas de menta fresca (opcional)

Coloque los trozos de sandía en una sola capa, envueltos en bolsas de plástico; congele hasta que estén firmes, durante unas 8 horas. Coloque la sandía congelada en el recipiente del procesador, con las aspas de acero. Deje reposar por 15 minutos para suavizar un poco. Agregue el jugo de piña y el jugo de lima. Retire la tapa para que pueda incorporarse el aire. Procese hasta suavizar, limpiando a menudo las paredes del contenedor. Sirva en recipientes individuales para postre. Adorne con bolitas de melón y hojas de menta, si lo desea. Congele el sobrante.

Rinde 6 porciones

Nieve de Melón Valenciano (Honeydew): Sustituya la sandía por melón valenciano, y el jugo de piña concentrado, por jugo de piña, guayaba y naranja concentrado.

Nieve de Melón Chino (Cantaloupe): Sustituya la sandía por melón chino, y el jugo de piña concentrado, por jugo de piña, guayaba y naranja concentrado.

Dátiles Rellenos

1 caja (225 g) de dátiles enteros deshuesados
1 paquete (90 g) de queso crema bajo en grasa, suavizado
¼ de taza de azúcar glass
1 cucharada de ralladura de cáscara de limón

Haga una abertura en el centro de cada dátil. Mezcle el queso crema, el azúcar glass y la cáscara de naranja. Rellene los centros de los dátiles con la mezcla de queso; refrigere. Espolvoree con más azúcar glass justo antes de servir, si lo desea.

Rinde unos 27 dátiles rellenos

Consejo Audaz

*La **nieve de frutas puede** guardarse en un envase hermético y congelarse hasta por 1 mes. Antes de servirla, deje reposar a temperatura ambiente durante 10 minutos para que se suavice.*

Derecha (en el sentido de las manecillas del reloj, desde arriba):
Nieve de Miel, Nieve de Melón y Nieve de Sandía.

Arriba:
Torta para Llevar

Consejo Audaz

Para mantener frescas las nueces sobrantes, guárdelas en el congelador dentro de un recipiente hermético.

Torta para Llevar

- **1 paquete de mezcla para torta de chocolate suizo**
- **1 paquete (360 g) de chispas de chocolate semiamargo**
- **1 taza de malvaviscos miniatura**
- **¼ de taza de mantequilla o margarina derretida**
- **½ taza de azúcar morena**
- **½ taza de nueces picadas**

Caliente el horno a 180 °C. Engrase y enharine un molde de 33×23 cm.

Prepare la mezcla para torta siguiendo las instrucciones del paquete. Agregue las chispas y los malvaviscos a la pasta. Vierta en el molde preparado. Rocíe la mantequilla derretida sobre la pasta. Espolvoree con azúcar y cubra con nueces. Hornee de 45 a 55 minutos o hasta que, al insertar en el centro un palillo; éste salga limpio. Sirva caliente o fría. *Rinde de 12 a 16 porciones*

Sencillos Bocadillos de Fresa

- **1 torta individual esponjosa**
- **1 cucharada de jugo de naranja**
- **¼ de taza de yogur natural bajo en grasa**
- **¼ de taza de crema batida sin grasa, descongelada**
- **⅔ de taza de fresas o frambuesas rebanadas**
- **Hojas de menta (opcional)**

1. Coloque la torta sobre un plato individual. Bañe con el jugo de naranja.

2. Mezcle el yogur y la crema batida. Sirva la mitad de la mezcla sobre la torta. Cubra con las fresas y la mezcla restante de yogur. Adorne con las hojas de menta, si lo desea. *Rinde 1 porción*

Frutas Congeladas

I ½ tazas (360 g) de rebanadas de duraznos (melocotones) enlatados o congelados en rebanadas, escurridos

¾ de taza de néctar de durazno

I cucharada de azúcar

¼ a ½ cucharadita de extracto de coco (opcional)

1. Coloque los duraznos, el néctar, el azúcar y el extracto, si lo desea, en el procesador o en la licuadora; procese hasta suavizar.

2. Sirva 2 cucharadas de la mezcla de frutas en charolas para cubitos de hielo.*

3. Congele hasta que estén casi firmes. Inserte un palillo en cada cubo; congele hasta que estén firmes.

Rinde 12 porciones

*O vierta ⅓ de taza de mezcla de frutas en 8 moldes de plástico para paleta o en copas de plástico. Congele hasta que estén casi firmes. Inserte un palo de madera en cada molde; congele hasta que estén firmes. Rinde 8 porciones.

Chabacano Congelado: Sustituya el durazno por una lata de mitades de chabacano (albaricoque) en rebanadas, y el néctar de durazno por néctar de chabacano.

Peras Congeladas: Sustituya el durazno por una lata de peras en rebanadas; el néctar de durazno, por néctar de pera, y el extracto de coco por extracto de almendras.

Piña Congelada: Sustituya el durazno por piña picada, y el néctar de durazno por jugo de piña sin endulzar.

Mango Congelado: Sustituya el durazno por mango fresco picado, y el néctar de durazno por néctar de mango. Omita el extracto de coco.

Abajo:
Frutas Congeladas

Parfaits de Plátano

1 paquete (para 4 porciones) de pudín de vainilla sin azúcar
2 tazas de leche baja en grasa
1 taza de galletas sin azúcar machacadas
2 plátanos maduros grandes, pelados y rebanados
   Ramitas de menta (opcional)

1. Prepare el pudín siguiendo las instrucciones del paquete, utilizando leche baja en grasa; enfríe durante 10 minutos, revolviendo ocasionalmente.

2. En copas para vino o para helado, coloque 2 cucharadas de galleta, ¼ de taza de rebanadas de plátano y ¼ de taza de pudín. Repita las capas. Tape; deje enfriar durante 1 hora por lo menos o hasta por 6 horas antes de servir. Adorne con ramitas de menta; si lo desea.   *Rinde 4 porciones*

Variante: Puede sustituir por pudín de chocolate sin azúcar.

Derecha:
Parfaits de Plátano

Arriba:
Milagro de Fresa

Milagro de Fresa

1½ tazas de agua hirviente
2 paquetes (para 4 porciones) de gelatina de fresa
1¾ tazas de agua fría
½ taza de aderezo de mayonesa
   Variedad de frutas

Revuelva el agua hirviente con la gelatina durante 2 minutos o hasta que esté disuelta. Agregue el agua fría. Poco a poco, vierta la gelatina y bata con el aderezo de mayonesa en un recipiente grande hasta integrar.

Vierta en un molde de 1 litro o en un tazón mediano de vidrio, rociado ligeramente con aceite en aerosol. Refrigere hasta que esté firme. Desmolde sobre un plato para mesa; sirva con la fruta.   *Rinde de 4 a 6 porciones*

Mousse de Chocolate con Frambuesas

1 paquete (de 90 g) de gelatina de fresa
2 cucharadas de agua
120 g de chocolate blanco en trozos
2 tazas de crema espesa batida
Frambuesas y ramitas de menta, opcional

1. Caliente la gelatina y el agua en un recipiente para baño María, a fuego medio, hasta que la gelatina se disuelva y la mezcla tenga consistencia de jarabe, revolviendo de vez en cuando. Agregue el chocolate; caliente hasta que esté suave, revolviendo ocasionalmente. Retire del fuego. Añada la crema batida.

2. Esparza la mezcla en un molde para pan de 23×13×7 cm. Deje enfriar hasta que esté listo. Sirva la mezcla en 8 recipientes para postre. Adorne con las frambuesas y la menta, si lo desea. *Rinde 8 porciones (de ⅓ de taza)*

Derecha:
*Mousse de
Chocolate con
Frambuesas*

Arriba:
*Banana Split a la
Parrilla*

Banana Split a la Parrilla

2 plátanos grandes, maduros y firmes
1 cucharadita de mantequilla derretida
4 cucharadas de jarabe de chocolate bajo en azúcar y bajo en grasa
1 cucharadita de licor de naranja (opcional)
1 ⅓ tazas de helado de vainilla sin azúcar
¼ de taza de almendras rebanadas y tostadas

1. Prepare la parrilla para cocción directa. Corte a lo largo los plátanos sin pelar; unte mantequilla derretida en las superficies cortadas. Ase los plátanos, con el corte hacia abajo, con el carbón a fuego medio, hasta que estén ligeramente dorados; voltéelos. Ase por 2 minutos o hasta que estén suaves.

2. Mezcle el jarabe y el licor, si lo desea, en un recipiente pequeño. Corte los plátanos por la mitad a lo largo; con cuidado quite la piel. Coloque 2 plátanos en cada recipiente; cubra con ⅓ de taza de helado, 1 cucharada de jarabe de chocolate y ¼ de las nueces; sirva de inmediato. *Rinde 4 porciones*

Arriba:
Aderezo de Queso Crema

Derecha (en el sentido de las manecillas del reloj, desde arriba):
Manzana con Caramelo y Nuez, Manzana con Caramelo y Chocolate, y Manzana con Caramelo y Malvavisco

Aderezo de Queso Crema

Tiempo de Preparación: *5 minutos más el de enfriamiento*

1 paquete (225 g) de queso crema suavizado
1 frasco (210 g) de crema de malvaviscos

REVUELVA el queso crema y la crema de malvaviscos con la batidora eléctrica a velocidad media hasta que estén bien integrados. Refrigere.

SIRVA con cubos de fruta fresca mixta o con cubos de pan dulce. Adorne si lo desea.   *Rinde 1 ¾ tazas*

Manzanas con Caramelo y Malvavisco

1 paquete (420 g) de caramelos
1 taza de malvaviscos miniatura
1 cucharada de agua
5 o 6 manzanas pequeñas

1. Forre una charola para hornear con papel encerado untado con mantequilla.

2. Mezcle los caramelos, los malvaviscos y el agua en una cacerola mediana. Cocine a fuego medio, revolviendo ocasionalmente, hasta que los caramelos se derritan. Deje enfriar un poco mientras prepara las manzanas.

3. Enjuague y seque las manzanas. Inserte un palito de madera en cada una.

4. Sumerja las manzanas en el caramelo. Retire el exceso de caramelo raspando la parte inferior de las manzanas en la orilla de la cacerola. Coloque sobre la charola preparada. Refrigere hasta que estén firmes.   *Rinde de 5 a 6 porciones*

Manzanas con Caramelo y Nuez: Ruede las manzanas cubiertas sobre nueces picadas antes de refrigerar.

Manzanas con Caramelo y Chocolate: Rocíe chocolate derretido sobre las manzanas cubiertas antes de refrigerar.

Trifle Inglés

Tiempo de Preparación: *20 minutos*

1 caja (285 g) de fresas congeladas*
1 paquete (12 g) de pudín de vainilla instantáneo
1 ½ tazas de leche
1 taza de crema batida y descongelada
8 rebanadas de pan fresco o torta descongelada
½ taza de almendras tostadas y rebanadas
¼ de taza de chispas de chocolate semiamargo (opcional)

O sustituya por frambuesas.

• Descongele las fresas siguiendo las instrucciones del paquete.

• Prepare el pudín con 1 ½ tazas de leche, siguiendo las instrucciones del paquete. Deje reposar durante 5 minutos; revuelva con la crema batida.

• Coloque 4 rebanadas de pan en sendos recipientes individuales. Sirva la mitad de las fresas sobre el pan. Cubra con la mitad de la mezcla de pudín, las almendras y las chispas de chocolate.

• Repita las capas de pan, fresa, pudín, almendras y chispas. Tape y enfríe hasta que esté listo para servir.

Rinde 4 porciones

Derecha:
Trifle Inglés

Alaskas de Brownie Horneados

2 brownies (cuadrados, de 5 cm)
2 cucharadas de helado de chocolate
⅓ de taza de chispas de chocolate semiamargo
2 cucharadas de jarabe de maíz light, o de leche
2 claras de huevo
¼ de taza de azúcar

1. Caliente el horno a 280 °C. Coloque los brownies en una charola pequeña; cubra cada uno con una cucharada de helado y coloque en el congelador.

2. Derrita las chispas de chocolate en una cacerola pequeña a fuego bajo. Agregue el jarabe de maíz; deje a un lado y mantenga caliente.

3. Bata las claras de huevo en un recipiente pequeño hasta que se formen picos. Poco a poco, agregue y bata el azúcar; continúe batiendo hasta que se formen picos. Esparza la mezcla de claras de huevo sobre el helado y los brownies con una espátula. (El helado y los brownies deben quedar completamente cubiertos con la mezcla de clara de huevo.)

4. Hornee de 2 a 3 minutos o hasta que el merengue esté dorado. Esparza la salsa de chocolate en los platos; coloque los Alaskas horneados sobre la salsa.

Rinde 2 porciones

Malteada Fría de Capuchino

1 taza de leche
1 sobre de capuchino
½ taza de crema batida congelada

COLOQUE la leche y el capuchino en una licuadora; tape. Bata a velocidad alta hasta que se disuelva el capuchino. Agregue la crema batida; tape. Bata hasta suavizar. Sirva de inmediato con más crema batida, si lo desea. Adorne a su gusto.

Rinde 1 porción

Derecha:
*Alaskas de Brownie
Horneados*

Galletas

Con mucho, las galletas son las favoritas de los niños... y existe un niño dentro de cada adulto. Haga sonreír a todos con estas delicias fáciles de preparar, en cuya creación pueden participar sus hijos. Prepare un montón de crujientes galletas o galletas de barra; usted triunfará y ellos estarán felices.

Derecha:
*Galletas de Nuez
con Chocolate
(receta en
página 350)*

Brownies Derby

1 paquete de mezcla para brownies con nueces
½ taza (1 barra) de mantequilla o margarina suavizada
450 g de azúcar glass (3½ o 4 tazas)
2 cucharadas de bourbon o leche
1 envase de betún de chocolate oscuro

Caliente el horno a 180 °C. Engrase sólo el fondo de un molde de 33×23 cm.

Prepare la mezcla para brownies como se indica en el paquete. Vierta en el molde preparado. Hornee de 24 a 27 minutos o hasta que esté listo. Enfríe completamente en el molde. En un recipiente, bata la mantequilla hasta que esté suave; agregue el azúcar y el bourbon. Bata hasta suavizar y que tenga una consistencia para untar. Esparza sobre los brownies; deje enfriar. Cubra con el betún. Enfríe de 2 a 4 horas. Corte en barras y sirva a temperatura ambiente.

Rinde 24 brownies

Galletas de Nuez con Chocolate

1 paquete de mezcla para galletas de chocolate
¼ de taza de cocoa en polvo sin endulzar
⅓ de taza de aceite vegetal
1 huevo
3 cucharadas de agua
⅔ de taza de nueces de macadamia en trozos

Caliente el horno a 190 °C. Combine la mezcla para galletas y la cocoa en un recipiente grande. Agregue el aceite, el huevo y el agua. Revuelva hasta que estén bien integrados. Añada las nueces. Vierta cucharaditas de la mezcla, con 5 cm de separación entre sí, sobre charolas para hornear sin engrasar.

Hornee de 8 a 10 minutos o hasta que estén listas. Deje enfriar en las charolas. Retírelas y deje que se enfríen por completo. *Rinde 3 docenas de galletas*

Derecha:
Brownies Derby

Sorpresas de Cereza

1 paquete de mezcla para galletas con azúcar
36 a 42 cerezas de dulce
½ taza de chispas de chocolate semiamargo
1 cucharadita de manteca vegetal

Caliente el horno a 190 °C. Engrase charolas para hornear. Prepare la mezcla para galletas siguiendo las instrucciones del paquete. Rodee cada cereza con una capa ligera de pasta. Hornee durante 8 minutos o hasta que estén doradas. Deje enfriar por 1 minuto en las charolas. Retírelas. Deje enfriar completamente.

Mezcle las chispas y la manteca vegetal en una bolsa que se pueda cerrar. Coloque la bolsa en un tazón con agua caliente, y déjela ahí durante varios minutos. Seque la bolsa con una toalla. Amase hasta que se integre y el chocolate esté suave. Corte una esquina de la bolsa. Vierta el chocolate sobre las galletas. Permita que el chocolate se endurezca antes de guardarlas entre hojas de papel encerado en un recipiente hermético.

Rinde de 3 a 3½ docenas de galletas

Consejo Audaz

Puede sustituir las cerezas de dulce con cerezas marrasquino bien escurridas.

Sencillos Brownies con Menta

1 paquete de mezcla para brownies con nuez
4 barras (de 150 g cada una) de chocolate con menta
⅓ de taza de nueces picadas, para adornar (opcional)

1. Caliente el horno a 180 °C. Engrase el fondo de un molde de 33✕23✕5 cm.

2. Prepare y hornee los brownies, siguiendo las instrucciones del paquete. Rompa el chocolate en trozos. De inmediato, coloque los trozos sobre los brownies calientes. Cubra el molde con papel de aluminio durante 3 o 5 minutos o hasta que el chocolate esté brillante y suave. Unte con cuidado para cubrir la superficie de los brownies. Espolvoree las nueces picadas, si lo desea. Deje enfriar por completo. Corte en barras.

Rinde 18 brownies

Derecha:
Sorpresas de Cereza

Galletas de Chocolate

1 paquete de mezcla para galletas con azúcar
⅓ de taza de cocoa en polvo sin endulzar
1 huevo
⅓ de taza de aceite vegetal
2 cucharadas de agua

1. Caliente el horno a 190 °C. Combine la mezcla para galletas y la cocoa en un recipiente grande. Revuelva hasta que se integren. Agregue el huevo, el aceite y el agua. Mezcle bien.

2. Rellene la prensa de galletas con la pasta. Forme las galletas con la figura deseada y colóquelas, a 5 cm de distancia entre sí, sobre charolas sin engrasar. Hornee a 180 °C de 5 a 8 minutos o hasta que estén listas. Deje enfriar durante 1 minuto sobre las charolas. *Rinde de 5 a 6 docenas de galletas*

Bolitas de Chocolate y Crema de Cacahuate

2 tazas (330 g) de chispas de chocolate de leche
¼ de taza de leche y crema a partes iguales
⅓ de taza de crema de cacahuate (maní)
⅓ de taza de nueces picadas

1. En una cacerola mediana a fuego bajo, derrita las chispas de chocolate en la leche con crema, revolviendo ocasionalmente. Agregue y bata la crema de cacahuate hasta que se integre. Refrigere hasta que la mezcla esté lo suficientemente firme, pero aún suave, como para formar bolitas, por unos 30 minutos, revolviendo ocasionalmente.

2. Esparza las nueces sobre papel encerado.

3. Con 1 cucharada de la mezcla, forme bolitas de 2.5 cm. Ruede las bolitas sobre las nueces. Guarde en el refrigerador. *Rinde unas 32 bolitas*

Derecha:
Galletas de Chocolate

Galletas de Chocolate y Crema de Cacahuate

1 paquete de mezcla para torta de chocolate
¾ de taza de crema de cacahuate (maní)
2 huevos
2 cucharadas de leche
1 taza de piezas de crema de cacahuate cubiertas con dulce

Caliente el horno a 180 °C. Engrase charolas para galletas. Revuelva la mezcla de torta, la crema de cacahuate, los huevos y la leche. Bata con la batidora eléctrica a velocidad baja hasta que se integren. Agregue las piezas de crema de cacahuate. Vierta cucharadas de pasta sobre las charolas. Hornee hasta que doren un poco. Enfríe durante 2 minutos en las charolas. Retire para que se enfríen.

Rinde unas 3½ docenas de galletas

Brownies con Plátano y Ron

1 caja (630 g) de mezcla para brownie
¼ de taza de leche con chocolate o leche regular
1 cucharada de extracto de ron
3 plátanos en cubos
½ taza de nueces tostadas y picadas

• Prepare la mezcla para brownie según las instrucciones del paquete.

• Caliente la leche y el extracto en una cacerola mediana. Agregue los plátanos y revuelva durante 1 minuto hasta que se caliente bien.

• Vierta la mezcla de plátanos y las nueces sobre los brownies y revuelva. Coloque en un molde de 23 cm ligeramente engrasado.

• Hornee a 180 °C de 35 a 40 minutos o hasta que, al insertar en el centro un palillo, éste salga limpio. Espolvoree con azúcar glass, si lo desea. Corte en barras.

Rinde 16 porciones

Cuadros de Chocolate con Frambuesa

1 paquete de mezcla para galletas con chispas de chocolate
½ taza de mermelada de frambuesa sin semillas

Caliente el horno a 180 °C. Prepare la mezcla para galletas como se indica en el paquete. Reserve ½ taza de la pasta.

Esparza la pasta restante en un molde de 23 cm sin engrasar. Ponga la mermelada sobre la base. Sobre la mermelada, al azar, deje caer cucharaditas de la pasta reservada. Hornee de 20 a 25 minutos o hasta que dore. Deje enfriar completamente. Corte en barras. *Rinde 16 barras*

Postre de Arroz Inflado

3 cucharadas de margarina
1 paquete (285 g) de malvaviscos de tamaño regular (unos 40) o 4 tazas de malvaviscos miniatura
6 tazas de cereal de arroz inflado
Aceite vegetal en aerosol

1. Derrita la margarina en una cacerola a fuego bajo. Agregue los malvaviscos y revuelva hasta que estén completamente derretidos. Retire del fuego.

2. Añada el arroz inflado. Revuelva hasta que estén bien cubiertos.

3. Con una espátula o papel encerado untados con mantequilla, presione la mezcla en un molde de 33×23×5 cm rociado con aceite en aerosol. Cuando se enfríe, corte en cuadros de 5×5 cm. *Rinde 24 porciones (cuadradas, de 5 cm)*

Instrucciones para Microondas: En un recipiente para microondas, hornee la margarina y los malvaviscos a temperatura ALTA por 2 minutos. Revuelva. Hornee por 1 minuto más. Revuelva para suavizar. Agregue el cereal. Revuelva hasta que estén bien cubiertos. Presione la mezcla en un molde como se describe en el paso 3.

Derecha:
Cuadros de Chocolate con Frambuesa

Arriba:
*Lunas de
Mantequilla
Escocesa*

Lunas de Mantequilla Escocesa

½ taza de chispas de mantequilla escocesa
¼ de taza de hojuelas de coco endulzado
2 cucharadas de nueces finamente picadas
1 lata (225 g) de lunas crecientes refrigeradas
Azúcar glass

Caliente el horno a 190 °C. Revuelva las chispas, el coco y las nueces. Desenrolle la pasta de las lunas para formar ocho triángulos. Espolvoree ligeramente una cucharada rebosante de mezcla de chispas sobre cada uno; presione sobre la pasta. Empezando desde el extremo corto de cada triángulo, enrolle la pasta. Coloque los rollos, con la punta hacia abajo, sobre una charola para hornear sin engrasar; dóblelos un poco para darles la forma de luna creciente. Hornee de 10 a 12 minutos o hasta que estén dorados. Espolvoree con azúcar glass. Sirva calientes.

Rinde 8 porciones

Torta de Azúcar Morena

1 taza (2 barras) de margarina
¾ de taza de azúcar morena
2 tazas de harina de trigo
⅓ de chispas de chocolate semiamargo, derretidas

Caliente el horno a 160 °C. Engrase un molde redondo de 23 cm. Bata con la batidora eléctrica la mantequilla y el azúcar morena hasta que esté ligera y esponjosa, durante unos 5 minutos. Poco a poco, agregue la harina y bata hasta que esté bien integrada. Esparza la mezcla en el molde preparado y presione para formar una capa pareja. Con un cuchillo, raye la superficie en 8 rebanadas en forma de pay. Hornee hasta que esté ligeramente dorada. Ponga a enfriar en una rejilla de alambre durante 20 minutos; desmolde y deje enfriar por completo. Para servir, vierta el chocolate derretido en una bolsa de plástico. Corte una esquina de la bolsa y gotee el chocolate sobre la torta. Corte en rebanadas.

Rinde 8 porciones

Mordiscos Azucarados

1 paquete (285 g) de malvaviscos de tamaño regular (unos 40)
¼ de taza de margarina
⅓ de taza de crema de cacahuate (maní)
7½ tazas de hojuelas de maíz escarchadas (azucaradas)

Instrucciones para Microondas:

1. En un recipiente de 4 litros para microondas, hornee los malvaviscos y la margarina a temperatura ALTA durante 3 minutos o hasta que estén derretidos, revolviendo después de 1½ minutos.

2. Agregue la crema de cacahuate y bata hasta suavizar. Añada las hojuelas de maíz, revolviendo hasta que estén bien cubiertas.

3. Con una espátula o con papel encerado untados con mantequilla, presione la mezcla sobre un molde engrasado de 33×23×5 cm. Corte en barras de 3×5 cm cuando esté frío.
Rinde 32 barras

Para Variar la Superficie: Derrita la margarina en un recipiente grande a fuego bajo. Agregue los malvaviscos, revolviendo hasta que estén completamente derretidos. Retire del fuego. Siga los pasos 2 y 3.

Galletas Polka

1 bolsa de 430 g (5 tazas) de coco rallado
1 lata de 430 ml de leche condensada
½ taza de harina de trigo
1¾ tazas de chocolate confitado miniatura

Caliente el horno a 180 °C. Engrase charolas para hornear galletas. Mezcle el coco, la leche condensada y la harina. Agregue los chocolates. Vierta cucharadas de la mezcla en la charola, a 5 cm de distancia entre sí. Hornee hasta que las orillas estén doradas. Deje enfriar sobre las charolas. Guarde en un recipiente hermético.
Rinde unas 5 docenas de galletas

Arriba:
Galletas Polka

Lunas de Limón y Nuez

1 paquete (540 g) de pasta para galletas con azúcar, refrigerada
1 taza de nueces picadas y tostadas
1 cucharada de ralladura de cáscara de limón
1 ½ tazas de azúcar glass

1. Caliente el horno a 180 °C. Retire la pasta de la envoltura.

2. Mezcle la pasta, las nueces y la cáscara de limón. Revuelva muy bien. Con cucharadas de la pasta, forme lunas crecientes. Colóquelas sobre una charola para hornear sin engrasar, a 5 cm de distancia entre sí. Hornee hasta que estén listas y ligeramente doradas. Deje enfriar por 2 minutos sobre las charolas. Retire de las charolas. Ponga 1 taza de azúcar glass sobre un molde hondo. Revuelque las galletas calientitas sobre el azúcar glass. Deje enfriar. Cierna el azúcar glass restante sobre las galletas justo antes de servir. *Rinde unas 4 docenas de galletas*

Dedos de Mantequilla y Chocolate

1 paquete de mezcla para brownies chiclosos
1 envase de betún para torta de crema de mantequilla
¼ de taza de chispas de chocolate semiamargo
1 ½ cucharaditas de manteca vegetal

1. Caliente el horno a 180 °C. Engrase el fondo de un molde de 33×23×5 cm.

2. Prepare, hornee y deje enfriar los brownies siguiendo las instrucciones del paquete. Unte con el betún.

3. Coloque las chispas de chocolate y la manteca vegetal en una bolsa de plástico que se pueda cerrar; cierre. Hornee en el microondas, a temperatura ALTA (100%), durante 30 segundos, agregando de 15 a 30 segundos más si es necesario. Amase hasta suavizar. Haga un orificio en una esquina de la bolsa. Gotee el chocolate sobre la cubierta. Permita que el chocolate se endurezca antes de cortar en barras. *Rinde 18 brownies*

Consejo Audaz

Otro método para derretir el chocolate y la manteca en la bolsa sellada consiste en colocar la bolsa dentro de un tazón con agua caliente durante unos minutos. Seque la bolsa con una toalla. Amase, corte y vierta como se indica.

Derecha:
Lunas de Limón y Nuez

**Consejo
Audaz**

*Para un
efecto
especial, corte
una toalla de
papel en tiras
de .5 cm de
ancho.
Coloque las
tiras en forma
diagonal
sobre las
barras frías
antes de
cortarlas.
Ponga el
azúcar glass
en un colador.
Golpee el
colador para
espolvorear la
superficie con
el azúcar. Con
cuidado,
retire las
tiras.*

Derecha:
*Chewies de Doble
Chocolate*

Chewies de Doble Chocolate

**1 paquete de mezcla para torta de chocolate con mantequilla
2 huevos
½ taza de mantequilla o margarina derretida
1 paquete (180 g) de chispas de chocolate semiamargo
1 taza de nueces picadas
Azúcar glass (opcional)**

1. Caliente el horno a 180 °C. Engrase un molde de 33×23×5 cm.

2. Combine la mezcla para torta, los huevos y la mantequilla derretida en un recipiente grande. Revuelva hasta integrar. (La mezcla quedará espesa.) Agregue las chispas de chocolate y las nueces. Presione la mezcla uniformemente en el molde engrasado. Hornee de 25 a 30 minutos o hasta que, al insertar en el centro un palillo, éste salga limpio. No hornee de más. Deje enfriar por completo. Corte en barras. Espolvoree con azúcar glass, si lo desea.

Rinde 36 barras

Barras Crujientes de Cocoa

**¼ de taza (½ barra) de margarina
¼ de taza de cocoa
5 tazas de malvaviscos miniatura
5 tazas de cereal de arroz inflado**

1. Rocíe un molde de 33×23×5 cm con aceite en aerosol. Derrita la margarina en una cacerola grande a fuego bajo; agregue la cocoa y los malvaviscos. Cocine a fuego bajo, revolviendo ocasionalmente, hasta que los malvaviscos estén derretidos, y la mezcla esté suave y bien integrada. Continúe cocinando durante 1 minuto, revolviendo a menudo. Retire del fuego.

2. Añada el arroz inflado; revuelva hasta que esté bien cubierto. Rocíe ligeramente una espátula con aceite vegetal; presione la mezcla sobre el molde preparado. Deje enfriar por completo. Corte en barras. *Rinde 24 barras*

Trufas de Chocolate Oscuro

1²⁄₃ **tazas de chocolate machacado semiamargo o chispas de chocolate semiamargo**

6 **cucharadas de crema batida***

1 **cucharada de mantequilla o margarina fría, cortada en trozos**

1 **cucharadita de vainilla**

¹⁄₂ **taza de nueces picadas, caramelo o chocolate para adornar**

*Para dar sabor a licor, reduzca a ¹⁄₄ de taza de crema. Vierta 2 cucharadas de licor sobre la mezcla de chocolate junto con la vainilla.

1. Coloque el chocolate en un recipiente pequeño. Mezcle la crema batida y la mantequilla en una cacerola pequeña. Sazone a fuego medio hasta que la mantequilla se derrita, revolviendo ocasionalmente. Vierta sobre el chocolate; revuelva una vez.

2. Cubra el recipiente; deje reposar de 3 a 5 minutos. Destape; revuelva hasta que el chocolate se derrita y la mezcla esté suave. Vierta la vainilla y el licor, si va a usarlo. Tape. Refrigere durante 15 minutos o hasta que la mezcla esté lo suficientemente firme como para mantener su forma.

3. Coloque cucharadas de la mezcla en un platón. Tape; refrigere durante 2 horas o hasta que esté espeso, pero no suave.

4. Ponga las nueces en un recipiente mediano. Con cada cucharada de la mezcla de chocolate, haga una pelotita. Ruédelas sobre las nueces para cubrir. (Las manos calientes y la temperatura ambiente suavizan rápidamente el chocolate, lo que hace difícil formar las pelotitas. Si mantiene frío el chocolate, evitará que se torne pegajoso.)

5. Guárdelas en el refrigerador, bien tapadas, hasta por 3 semanas. Sírvalas frías o deje reposar a temperatura ambiente de 15 a 20 minutos antes de servir.

Rinde 18 trufas

Derecha:
Trufas de Chocolate Oscuro, Trufas Gianduia (página 368) y Trufas de Chocolate Blanco (página 373)

Trufas Gianduia

6 cucharadas de mantequilla o margarina*
180 g (1 taza) de chocolate de leche machacado o chispas de chocolate de leche
1 taza de nueces tostadas o almendras blanqueadas
½ taza de nueces de macadamia machacadas, caramelo o chocolate, para adornar

Para dar sabor a licor, reduzca la mantequilla a 2 cucharadas. Vierta 2 cucharadas de licor de almendras sobre la mezcla de chocolate.

1. Derrita la mantequilla en una cacerola pequeña a fuego bajo, revolviendo ocasionalmente con una cuchara de madera. Retire la cacerola del fuego. Añada el chocolate; revuelva hasta que se derrita. Ponga la nuez. Refrigere por 15 minutos o hasta que la pasta esté lo suficientemente firme como para que mantenga su forma.

2. Coloque cucharadas de la mezcla en un platón. Tape; refrigere durante 2 horas o hasta que esté espeso; pero no suave.

3. Ponga las nueces machacadas en un recipiente mediano. Con cada cucharada de la mezcla de chocolate, haga una pelotita. Ruédelas por las nueces hasta que se cubran de manera uniforme. (Las manos calientes y la temperatura ambiente suavizan con rapidez el chocolate, lo cual hace difícil formar la pelotitas. Mantenga frío el chocolate para evitar que se torne pegajoso.)

4. Guárdelas en el refrigerador, bien tapadas, hasta por 3 semanas. Sírvalas frías o deje reposar a temperatura ambiente de 15 a 20 minutos antes de servir.

Rinde 18 trufas

Corazones de Fresa

1 rollo (de 480 a 510 g) de pasta refrigerada para galletas con azúcar
2 paquetes (de 225 g cada uno) de queso crema suavizado
²/₃ de taza de azúcar glass
1 cucharadita de extracto de vainilla
2 tazas de fresas frescas rebanadas

Desenrolle la pasta; córtela en forma de corazón y hornee siguiendo las instrucciones del paquete.

Mezcle el queso crema, el azúcar y la vainilla; revuelva bien.

Esparza uniformemente sobre los corazones fríos; cubra con fresas.

Rinde unas 2 docenas de corazones

Arriba:
Corazones de Fresa

Brownies Chiclosos

1 paquete de mezcla para brownies chiclosos
1 huevo
2 cucharadas de agua
¹/₃ de taza de salsa de manzana sin endulzar

1. Caliente el horno a 180 °C. Engrase ligeramente un molde de 33×23 cm.

2. Siga las instrucciones de la caja para preparar y hacer la pasta. Espárzala en el molde. Hornee a 180 °C de 23 a 26 minutos o hasta que esté listo. Enfríe completamente.

Rinde 20 brownies

Consejo: Si utiliza un molde de 23×23 cm, hornee los brownies de 33 a 36 minutos; si el molde es de 20×20 cm, hornee de 34 a 37 minutos.

Más Botana

44 cuadritos de galletas de trigo con miel (2 paquetes)
3 cucharadas de margarina o mantequilla
1 paquete (285 g) de malvaviscos
¾ de taza de chispas miniatura de chocolate semiamargo

1. Rompa las galletas en trozos pequeños. Caliente la margarina o la mantequilla a fuego medio-alto hasta que se derrita. Agregue los malvaviscos; revuelva constantemente hasta que se derritan.

2. Incorpore las galletas a la mezcla de malvavisco para cubrirlas. Esparza la mezcla en un molde de 33×23×5 cm; espolvoree con chispas de chocolate, presionándolas ligeramente con las manos engrasadas. Refrigere durante 20 minutos por lo menos antes de cortar en cuadritos. *Rinde 12 cuadritos*

Torta Escocesa

5 tazas de harina de trigo
1 taza de harina de arroz
2 tazas de mantequilla suavizada
1 taza de azúcar
Fruta escarchada (cristalizada) (opcional)

Caliente el horno a 160 °C. Cierna juntas las harinas. Con la batidora eléctrica, bata la mantequilla con el azúcar en un recipiente grande hasta que esté cremosa. Integre ¾ de la harina hasta que la mezcla tenga grumos finos. Agregue la harina restante y siga batiendo con la mano. Coloque la pasta firmemente en un molde sin engrasar de 39×26×2.5 cm para "niño envuelto" o dos moldes oblongos para torta de 23 cm. Hornee de 40 a 45 minutos o hasta que estén ligeramente dorados. Corte en barras o en rebanadas mientras estén calientes. Decore con fruta escarchada, si lo desea. Deje enfriar por completo. Guarde en recipientes herméticos. *Rinde unas 4 docenas de barras o 24 rebanadas*

Consejo Rápido

Suavice la mantequilla para que sea fácil untarla o para usarla en pastas y masas. Coloque 1 barra de mantequilla en un plato para microondas y caliente a temperatura BAJA (30% de potencia) por unos 30 segundos o hasta que esté suave.

Derecha:
Más Botana

Triángulos de Maple y Cacahuate

1 ¼ tazas de azúcar glass
½ taza de crema de cacahuate (maní)
¼ de taza más 3 cucharadas de jarabe de maple
1 paquete (495 g) de pasta para torta, descongelada
1 o 2 cucharadas de agua

1. Caliente el horno a 200 °C. Mezcle ¼ de taza de azúcar glass, la crema de cacahuate y ¼ de taza del jarabe de maple en un recipiente pequeño hasta suavizar.

2. Corte la pasta en tiras de 7.5 cm. Coloque cucharaditas de la mezcla de crema de cacahuate, a unos 2.5 cm del extremo de cada tira.

3. Empezando por el extremo de cada tira con relleno, doble una esquina de la pasta sobre el relleno, de tal manera que se alinee con el otro lado de la tira, para formar un triángulo. Continúe doblando toda la tira con la misma forma triangular. Repita el procedimiento con la pasta y el relleno restantes.

4. Coloque los triángulos en charolas para hornear sin engrasar, a unos 5 cm de distancia entre sí, con la unión hacia abajo; rocíe con aceite en aerosol. Hornee de 6 a 8 minutos o hasta que estén dorados. Páselos a una rejilla de alambre para enfriar.

5. Mezcle el azúcar glass restante, 3 cucharadas de jarabe y el agua en un recipiente pequeño. Glasee las galletas justo antes de servir.   *Rinde 28 galletas*

Nota: Para un almacenamiento prolongado, no glasee las galletas. Guárdelas en un recipiente no hermético, para que la pasta permanezca crujiente. Glasee antes de servir.

Trufas de Chocolate Blanco

1 ½ **tazas (285 g) de chocolate blanco machacado o chispas de chocolate blanco**

¼ **de taza de crema batida***

½ **cucharada de vainilla**

½ **taza de nueces de macadamia machacadas, caramelo o chocolate, para decorar**

Para dar sabor a licor, reduzca la crema a 2 cucharadas. Revuelva 2 cucharadas de licor de almendras sobre la mezcla de chocolate junto con la vainilla.

1. Coloque el chocolate en un recipiente pequeño. Ponga la crema batida en una cacerola pequeña. Cocine a fuego medio-alto hasta que esté bien caliente, revolviendo ocasionalmente con una cuchara de madera. Vierta sobre el chocolate; revuelva una vez.

2. Tape el recipiente; deje reposar de 3 a 5 minutos. Destape; revuelva hasta que el chocolate esté derretido y la mezcla esté suave. Agregue la vainilla y el licor, si va a utilizarlo. Tape. Refrigere durante 15 minutos o hasta que la mezcla esté lo suficientemente firme como para que mantenga su forma.

3. Ponga cucharadas de la mezcla en un platón; tape. Refrigere por 2 horas o hasta que el chocolate esté espeso, pero no suave.

4. Vacíe las nueces o el caramelo en un recipiente mediano. Haga pelotitas con la mezcla de chocolate. Ruédelas sobre las nueces para cubrir uniformemente. (Las manos calientes y la temperatura ambiente hacen que el chocolate se suavice rápidamente, lo que hace difícil formar las pelotitas. Mantenga frío el chocolate para evitar que se torne pegajoso.)

5. Sírvalas frías o déjelas reposar a temperatura ambiente de 15 a 20 minutos antes de servir.

Consejo Audaz: Las trufas que están en un recipiente hermético pueden refrigerarse de 1 a 3 días o congelarse por varias semanas.